BEI GRIN MACHT SICH IHR WISSEN BEZAHLT

- Wir veröffentlichen Ihre Hausarbeit,
  Bachelor- und Masterarbeit

- Ihr eigenes eBook und Buch -
  weltweit in allen wichtigen Shops

- Verdienen Sie an jedem Verkauf

**Jetzt bei www.GRIN.com hochladen
und kostenlos publizieren**

Bibliografische Information der Deutschen Nationalbibliothek:

Die Deutsche Bibliothek verzeichnet diese Publikation in der Deutschen National-
bibliografie; detaillierte bibliografische Daten sind im Internet über http://dnb.d-
nb.de/ abrufbar.

Impressum:

Copyright © 2007 GRIN Verlag, Open Publishing GmbH
Druck und Bindung: Books on Demand GmbH, Norderstedt Germany
ISBN: 9783640671601

Dieses Buch bei GRIN:

http://www.grin.com/de/e-book/154685/technik-und-verfahren-der-diagnostischen-
radiologie

Payam Homayounfar

Technik und Verfahren der diagnostischen Radiologie

Skript der Radiologie

GRIN Verlag

GRIN - Your knowledge has value

Der GRIN Verlag publiziert seit 1998 wissenschaftliche Arbeiten von Studenten, Hochschullehrern und anderen Akademikern als eBook und gedrucktes Buch. Die Verlagswebsite www.grin.com ist die ideale Plattform zur Veröffentlichung von Hausarbeiten, Abschlussarbeiten, wissenschaftlichen Aufsätzen, Dissertationen und Fachbüchern.

Aus dem Deutschen Krebsforschungszentrum (DKFZ)

Abteilung Medizinische und Biologische Informatik

SKRIPT DER RADIOLOGIE

„TECHNIK UND VERFAHREN DER DIAGNOSTISCHEN RADIOLOGIE"

von

Payam Homayounfar

INHALTSVERZEICHNIS

ABKÜRZUNGSVERZEICHNIS

ACR	American College of Radiology
Ag	Argentum, Silber
ALARA	As Low As Reasonably Achievable
bzw.	beziehungsweise
C	Coulomb
ca.	cirka
CCD	Charge-Coupled-Devices
cm	Zentimeter
CT	Computertomographie
d. h.	das heißt
DEGUM	Deutsche Gesellschaft für Ultraschall in der Medizin
DIN	Deutsches Institut für Normung
DKFZ	Deutsches Krebsforschungszentrum
DMP	Disease Management Programm
DSA	Digitale Subtraktionsangiographie
EbM	Evidence based Medicine
EFQM	European Foundation for Quality Management
et al.	und andere
g/cm³	Gramm pro Kubikzentimeter
ICRP	Internationale Strahlenschutzkommission (International Commission on Radiological Protection)
IT	Informationstechnologie (einschließlich der Kommunikationstechnologie)
kg	Kilogramm
mGy	milli Gray: Physikalische Einheit der Energiedosis
mm	Millimeter
MRT	Magnetresonanztomographie
mSv	Milli Sievert: Physikalische Einheit der Äquivalentdosis
PACS	Picture Archiving and Communication System
RöV	Röntgenverordnung
SI	Système International d'Unités
u. a.	unter anderem
US	Ultraschall
VdAK	Verband deutscher Angestellten-Krankenkassen
WHO	World Heath Organization
z. B.	zum Beispiel
ZVEI	Zentralverband Elektrotechnik- und Elektroindustrie

1 RÖNTGENDIAGNOSTIK

1.1 PHYSIKALISCHE GRUNDLAGEN VON RÖNTGENSTRAHLEN

Die Elektronen der Atomhülle umkreisen nach dem Bohrschen Modell auf spezifischen Schalen bzw. Bahnen den positiv geladenen Atomkern. Die erforderliche Energie, um die Elektronen auf ihren Schalen zu halten, ist die Bindungsenergie. Die inneren Schalen haben eine höhere Bindungsenergie als die kernferneren Schalen.

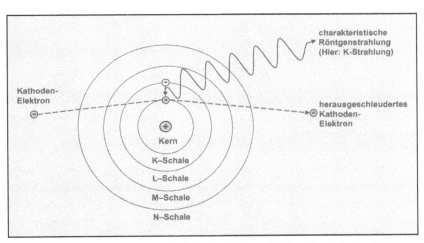

Abbildung 1: Entstehung charakteristischer Röntgenstrahlung (nach EWEN 2003)

Wird ein Kathodenelektron durch Zufuhr von Energie, die größer ist als die Bindungsenergie von einer inneren Schale, aus dem Atomverbund herausgeschleudert, springt nach dem Energieminimierungsgesetz (Laubenberger u. Laubenberger 2006) ein Elektron der nächst höheren Schale zurück auf den Platz des entfernten Elektrons. Die frei werdende Bindungsenergie wird in Form von elektromagnetischen Strahlen bzw. ionisierenden Strahlen z. B. UV-Licht, Röntgen-, Gamma-, Beschleunigerstrahlen, oder kosmischer Höhenstrahlen emittiert. Der **Wirkungsgrad**, also der Grad der umgesetzten elektrischen Energie in ionisierende Strahlungsenergie, die tatsächlich genutzt werden kann, liegt bei weniger als 1%. Der Rest von über 99% der emittierten Strahlung wird als Wärme freigegeben. Die Art der Strahlung ist abhängig von den an dem Elektronensprung beteiligten Schalen. Ionisierende Strahlen entstehen nach den Gesetzen der Quantenphysik nur bei Elektronensprüngen der inneren Schalen, da hier die kinetisch vorhandene

Bindungsenergie größer ist als auf den äußeren Schalen. Elektronensprünge auf den äußeren Schalen hingegen emittieren sichtbares Licht (Goretzki 2004). Jedes Element im Periodensystem hat spezifische und konstante Energiedifferenzen der Schalen. Damit ist die emittierte Energie elektromagnetischer Strahlung für jedes Element individuell. Die **charakteristische Röntgenstrahlung** für jedes Element im Periodensystem wird nur bei ganz bestimmten Energiewerten emittiert. Die sichtbar werdenden Emissionsspitzen und damit die Strahlung werden mit dem Buchstaben der Schale bezeichnet, auf die das Elektron zurückspringt (K-Strahlung, L-Strahlung,...) (Ewen 2003). Trifft das Kathodenelektron nicht auf ein Elektron aus dem Atomverbund, wird es von dem positiv geladenen Atomkern abgebremst und abgelenkt. Dabei entsteht **Bremsstrahlung**. In Abhängigkeit von der Ordnungszahl des Anodenmaterials steigt die Wahrscheinlichkeit für das Auftreten der Bremsstrahlung.

1.2 WECHSELWIRKUNG VON RÖNTGENSTRAHLEN MIT MATERIE

Treffen Röntgenstrahlen auf Materie, wie dem menschlichen Körper des Patienten, wird die Strahlung abgeschwächt. Dabei kann es zur Energieabsorption, Energieübertragung oder Energieumwandlung kommen.

Bei der **Energieabsorption** wird die auf die Materie einfallende Röntgenstrahlung vollständig auf ein Schalenelektron übertragen. Diese Reaktion wird als **Photoeffekt** bezeichnet. Die Wahrscheinlichkeit des Auftretens des Photoeffekts wird mit dem Photoabsorptions-koeffizienten quantifiziert und hängt von folgenden Faktoren ab (Laubenberger u. Laubenberger 2006):

- Dichte – Absorption nimmt mit zunehmender Dichte zu.
- Dicke der Schicht – Absorption nimmt mit zunehmender Schichtdicke linear zu.
- Ordnungszahl – Absorption steigt mit 3. Potenz der Energie der Röntgenstrahlen.
- Wellenlänge der Röntgenstrahlen – Absorption verringert sich proportional mit der 3. Potenz der Photoenergie.

Je weicher und damit energieärmer die Röntgenstrahlung (=Photonenstrahlung) und je höher Dichte, Dicke und Ordnungszahl der durchstrahlten Materie sind, desto wahrscheinlicher ist das Auftreten des Photoeffektes. Beispielsweise werden die weichen Röntgenstrahlen vom Knochengewebe (Dichte von 2,0-2,5 g/cm³, effektive Ordnungszahl 9-12) stärker absorbiert als von den Weichteilen (Dichte 1,0 g/cm³, effektive Ordnungszahl 7,4). Dies führt zu einer höheren Kontrastierung zwischen Knochen und Weichteilen, als es durch energiereiche Strahlung möglich wäre (Laubenberger u. Laubenberger 2006). Diese Erkenntnis wird zur

Abschirmung von Räumen und für Schutzkleidung verwendet, indem Materialien mit möglichst hoher Ordnungszahl verwendet werden.

Bei der **Energieübertragung** wird ein Elektron aus einer äußeren Schale durch Absorption der Röntgenstrahlung freigesetzt. Das freigesetzte Elektron wird mit einem von der Richtung der Röntgenstrahlung abweichenden Winkel abgestrahlt. Die Energieübertragungsreaktion wird als **Compton-Effekt** oder **Streuung** bezeichnet.

Die Wahrscheinlichkeit für die Reaktion des Compton-Wechselwirkungskoeffizienten setzt sich aus dem Compton-Streukoeffizienten und dem Compton-Absorptionskoeffizienten zusammen, da der größte Teil der Energie zwar übertragen wird, aber ein kleiner Teil der Energie dabei absorbiert wird. Durch die Streustrahlung erfolgt eine gleichmäßige Schwärzung und damit eine Verminderung der Bildkontraste eines Bildes, wodurch dieser Effekt unerwünscht ist. Maßnahmen zur Reduzierung der Streuung sind:

- *Anwendung von Streustrahlungsrastern* – Durch Anbringung von parallel verlaufenden Lamellen zwischen Objekt und Film wird nur die gerade gerichtete Primärstrahlung weitestgehend vorbeigelassen, wohingegen die Streustrahlung absorbiert wird.

- *Einblendung* – Durch einen Tubus oder eine Tiefenblende wird das Bündel der Röntgenstrahlen auf die Größe des Röntgenbildformates eingeblendet.

- Durch *Kompression* erfolgt die Reduktion der Objektdicke. Durch den geringeren Weg der Röntgenstrahlung durch das Objekt kann folglich weniger Streustrahlung entstehen.

- *Vergrößerung des Objekt-Filmabstandes* – Ein Teil der Streustrahlung geht durch Vergrößerung des Abstandes von Objekt und Film an der Filmkassette vorbei.

Zur **Energieumwandlung** kann es nur bei relativ hoher Röntgenstrahlung von mehr als 1,2 MeV (Million Electron Volts) kommen, die bei der Strahlentherapie und nicht bei der Strahlendiagnostik verwendet werden. Gelangt energiereiche Röntgenstrahlung in die Nähe eines Atomkerns, entsteht durch die Wechselwirkung mit dem Magnetfeld des Atomkerns ein Paar, bestehend aus einem negativen und einem positiven Elektron. Durch das gegenseitige Aufheben der Ladungen verliert der Röntgenstrahl seine Energie. Diese Energieumwandlungsreaktion wird als Paarbildungsprozess bezeichnet. Die Auftrittswahrscheinlichkeit wird mit dem Paarbildungskoeffizienten wiedergegeben, die mit wachsender Ordnungszahl und steigender Energie des Röntgenstrahls wächst.

1.3 PRINZIPIELLER AUFBAU EINER RÖNTGENANLAGE

Röntgenstrahlen werden in einer Röntgenanlage erzeugt. In der Röntgenröhre werden die ionisierenden Strahlen durch eine entsprechende Heizspannung der Kathode erzeugt, indem die Kathodenelektronen, wie in den vorherigen Abschnitten beschrieben, mit den Atomen des Anodenmaterials in Wechselwirkung treten. Dazu werden die Elektronen durch den Wehnelt-Zylinder auf einen möglichst kleinen Brennfleck auf der Anode fokussiert. Die meisten Röntgenröhren sind Doppelfokusröhren mit zwei Brennflecken unterschiedlicher Größe. Als Material für die Anode werden Legierungen von Wolfram und Rhenium in Verbindung mit einer Molybdänschicht verwendet. In modernen Röntgenröhren werden mit wenigen Ausnahmen Drehanoden verwendet. Der Anodenteller rotiert, um die große Wärmeerzeugung besser zu verteilen. Dennoch erreicht die Temperatur des Anodentellers ca. 1000° Celsius.

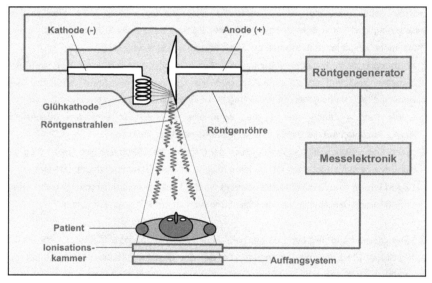

Abbildung 2: Prinzipieller Aufbau einer Röntgenanlage (nach GORETZKI 2004, S. 109f)

Die Stromversorgung der Röntgenröhre erfolgt über zwei Stromkreise. Der Röntgengenerator erzeugt für den Röhrenstrom eine gleichgerichtete Hochspannung von bis zu 200.000 Volt, dabei entsteht die Stromstärke von bis zu 1 Ampere. An der Glühkathode aus Wolfram erzeugt der zweite Stromkreis die Heizspannung, mit einer Wechselspannung von 10 bis 20 Volt und der Stromstärke von 5 bis 10 Ampere, Temperaturen von ca. 2000° Celsius. Durch die Veränderung der Heizspannung werden die Menge der aus der Kathode austretenden Elektronen und damit die Menge der Röntgenstrahlen geregelt. Die Steuerung erfolgt über eine Messelektronik, die von der Ionisationskammer die Information über die erreichte Ionisationsdosis erhält und den Röntgengenerator bei einem zuvor festgelegten Wert abschaltet.

Die Röntgenstrahlen erzeugen in einem Auffangsystem ein sichtbares Bild des Objektes, durch das die Strahlen gedrungen und mit dessen Atomen die Strahlen in Wechselwirkung getreten sind. Es existieren folgende Auffangsysteme:

- Film-Folien-System

Der Röntgenfilm besteht aus sieben Schichten. In der Mitte befindet sich der Schichtträger aus Polyester, dieser gibt der Folie mechanische Festigkeit bei hoher Flexibilität. Nach außen schließen sich beidseitig die gleichen Schichten an. Die Haftschicht verbindet die Trägerschicht beidseitig mit der strahlenempfindlichen und mit 0,005 mm bis 0,05 mm sehr dünnen Emulsionsschicht. Sie besteht aus Gelatineschichten in denen gleichmäßig Silberhalogenidkristalle verteilt sind. Der Silbergehalt liegt bei Filmen ohne Verstärkerfolie bei ca. 25 g Ag/m^2 und bei Verstärkerfolien bei 10 g Ag/m^2. Die Röntgenstrahlung reagiert mit den Silberhalogenidkristallen nach dem zuvor beschriebenen Photo- und dem Compton-Effekt. Bei der Entwicklung des Filmes wird die Menge des elementaren Silbers pro belichtetes Silberhalogenidkristall sehr stark vermehrt. Erst durch diesen Vorgang der Filmschwärzung entsteht ein sichtbares Röntgenbild. Außen befindet sich die Schutzschicht aus gehärteter Gelatine zum Schutz vor mechanischen Einflüssen. Bei Abbildung des Bildes der einfallenden Röntgenstrahlen nicht auf photochemische, sondern auf photoelektrische Weise ist das Verfahren als Xeroradiographie bezeichnet.

- Digitale Fluoreszenzradiographie

Das Verfahren der Durchleuchtung nutzt die Eigenschaft der spektralen Verteilung des Fluoreszenzlichtes von Zinkcadmiumsulfid-Kristallen, die als Leuchtschicht verwendet werden. Die Bilder werden von dem Leuchtschirmbild auf einen Film übertragen. Das Bild wurde früher unter Qualitätseinbußen vom Bildschirm abfotografiert.

- Leuchtschirme in Kombination mit elektronischen Bildverstärkern

Durch die Anwendung von Leuchtschirmen in Kombination mit elektronischen Bildverstärkern wird die Strahlenexposition für den Patienten bei der Röntgen-durchleuchtung verringert. Als Fluoreszenzmaterial wird Caesiumjodid verwendet. Das entstandene Bild kann digitalisiert und im Computer gespeichert, verarbeitet und über einen Monitor betrachtet werden.

1.4 ABBILDUNGSPROBLEME IN DER RÖNTGENDIAGNOSTIK

Der sich durch das Gewebe bewegende Röntgenstrahl gibt die durch Schwächung in ihm gespeicherte Information an das Auffangsystem gemäß dem überlagernden Projektionsprinzip summarisch ab. Damit sind auf dem Röntgenbild alle Gewebsschichten zweidimensional übereinander liegend abgebildet. Neben diesem Problem der zwei-dimensionalen Darstellung gibt es in der Röntgendiagnostik weitere Abbildungsprobleme:

- Projektionsprobleme

  Röntgenstrahlen entstehen in einem kleinen Brennfleck an der Anode und werden auf ein größeres Auffangsystem projiziert. Dabei entsteht eine Gestaltverzerrung des geröntgten Objektes. Je näher sich das Objekt an der Quelle der Röntgenstrahlen befindet, umso größer ist die Verzerrung.

- Bildunschärfe

  Randkonturen von Organen werden in einem Röntgenbild nicht mit so großen Schwärzungsunterschieden wie tatsächlich vorhanden dargestellt. Die Randkonturen von scharf abgegrenzten benachbarten Objekten verlaufen mehr oder weniger stark. Die abzubildende Kontur wird mit einer gewissen Randunschärfe dargestellt. Die Bildunschärfe wird nach ihrer Art unterschieden in:

  a. *Absorptionsunschärfe*

     Entsteht durch unterschiedliche Absorption von Röntgenstrahlen in den Randgebieten von Objekten.

  b. *Geometrische Unschärfe*

     Entsteht durch die Größe bzw. flächenhafte Ausdehnung des Brennflecks.

  c. *Bewegungsunschärfe*

     Durch die Bewegung eines Objekts während der Röntgenaufnahme entsteht die Bewegungsunschärfe.

  d. *Film-Folien-Unschärfe*

     Durch die Verwendung von Verstärkerfolien wird die Belichtungszeit und damit auch die Strahlenbelastung des Patienten erheblich verringert. Verstärkerfolien bestehen aus fluoreszierenden Substanzen, die bei Anregung durch Röntgenstrahlen Licht aussenden, und den Film schwärzen. Entsprechend des zuvor beschriebenen Projektionsproblems nimmt mit zunehmender Dicke der Verstärkerfolie und damit mit vergrößertem Abstand von Schwärzungspunkt und Emulsionsschicht die Unschärfe zu.

- Kontrast

  Der Schwächungsunterschied eines Objektes zu seiner Umgebung resultiert in einem messbaren Unterschied der Strahlendosis, dem Strahlenkontrast (Kamm 2003). Der

Kontrast beschreibt die Helligkeits-, Dosis- oder Intensitätsunterschiede in einem Bild. Weitere Einflussgrößen auf den Kontrast sind die Objektdichte, Dichte und Ordnungszahl von Objekten. Ohne den Kontrast ist eine Struktur oder ein Gewebe nicht von seiner Umgebung zu unterscheiden. Bei Gewebearten mit nahe beieinander liegenden Ordnungszahlen wie sie z. B. besonders bei Untersuchungen des Abdominalraumes vorkommen, werden dem Patienten Kontrastmittel verabreicht, um eine Kontrastverbesserung herbeizuführen. Kontrastmittel sind entweder Flüssigkeiten, die Elemente einer höheren Ordnungszahl enthalten und weniger Strahlen durchlassen (positive Kontrastmittel), oder Gase, die aufgrund ihrer niedrigeren Dichte strahlendurchlässiger als Gewebe sind (negative Kontrastmittel).

1.5 MEDIZINISCHE ANWENDUNG UND BEDEUTUNG DER RÖNTGENDIAGNOSTIK

Durch die Einführung moderner computerisierter Schnittbildverfahren wie der Computertomographie und der Magnetresonanztomographie haben Röntgennativuntersuchungen an Bedeutung verloren. Dennoch stellt die konventionelle Röntgenuntersuchung noch immer den größten Anteil an radiologischen Untersuchungen, da sie kostengünstig ist und für viele Fragestellungen ausreicht.

- Lungen- und Skelettdiagnostik

  Hier ist das konventionelle Röntgen als Erstuntersuchung fast immer unverzichtbar. Tomographische Untersuchungen sind heute weitgehend obsolet und werden nur noch in Einzelfällen in der Skelettdiagnostik eingesetzt (wenn CT oder MRT nicht anwendbar sind).

- Durchleuchtungsuntersuchungen

  Während Projektionsaufnahmen in erster Linie für die Darstellung von Organstrukturen verwendet werden, können Bildverstärker unmittelbar dynamische Abläufe wiedergeben. Da Funktionsuntersuchungen in der Regel mit zahlreichen Aufnahmen und einer langen Durchleuchtungsdauer verbunden sind, führen sie zu einer vergleichsweise hohen Strahlenbelastung. Der Einsatz von Durchleuchtungsuntersuchungen ist bei Untersuchungen des Gastrointestinaltraktes unter Berücksichtigung der Verfügbarkeit der Endoskopie abzuwägen. Zur Abklärung funktionell physiologischer Störungen sind dynamische Untersuchungen wie die Defäkographie oder die Videokinematographie des Schluckaktes die aktuell gängigen Methoden.

- Mammographie

  Die Mammographie ist die Röntgenuntersuchung der weiblichen Brust. Sie dient in erster Linie der Entdeckung des Mammakarzinoms. Spezielle Röntgengeräte optimieren dabei die Anforderungen an Aufnahmen der Mamma. Sie bilden die kleinen Gewebsstrukturen der Mamma ab, um pathologische Veränderungen diagnostizieren zu können. Gleichzeitig ist die Strahlenexposition gering zu halten, damit nicht durch die Mammographie ein Mammakarzinom ausgelöst wird. Allerdings ist die Strahlenexposition moderner Gerätetechnik äußerst gering und steht in keinem Verhältnis zum erzielten Nutzen. Die Röntgengeräte verwenden niederenergetische Röntgenstrahlung, die Röntgenröhre hat einen besonders kleinen Brennfleck, der Heeleffekt (Goretzki 2004) wird ausgenutzt, die Mamma wird bei der Aufnahme komprimiert und es werden für die Mamma optimierte Röntgenfilme verwendet. Ein spezielles Verfahren zur Untersuchung der Milchgänge ist die Galaktographie, bei der auffällige Milchgänge mit Kontrastmittel gefüllt werden.

- Angiographie

Die Angiographie ist der Oberbegriff für die radiologische Untersuchung von Gefäßen. Nach der Gefäßart wird zwischen Arteriographie, Phlebographie bzw. Venographie und Lymphographie unterschieden. Ein unter Druck in ein Gefäß injiziertes Kontrastmittel ermöglicht die kontrastreiche Darstellung des Verlaufs der Gefäße. Dabei können Gefäßverschlüsse oder Gefäßverengungen bzw. Stenosen entdeckt werden. Beispielsweise die Phlebographie ist der Standard in der Darstellung von Beinvenenthrombosen, insbesondere am Unterschenkel, und von Varizen präoperativ. Wichtige Voraussetzung ist der Einsatz leistungsfähiger Röntgengeräte, die mehrere Aufnahmen in kurzer Abfolge machen können, um den dynamischen Fluss abbilden zu können.

- Myelographie

Zur Darstellung des spinalen Subarachnoidalraums wird das Verfahren eingesetzt, indem nach Lumbalpunktion ein wasserlösliches jodhaltiges Röntgenkontrastmittel injiziert wird. Durch Umlagerung des Patienten wird das Kontrastmittel verteilt. Infolge der besseren Untersuchungsmöglichkeiten mit CT und MRT hat die Myelographie zunehmend an Bedeutung verloren.

- Schichtaufnahmetechnik (Tomographie)

Das Verfahren der Schichtaufnahmetechnik ist nicht mehr relevant, da die Technik von der Computertomographie überholt wurde und der Kontrast und die Schärfe schlechter als bei herkömmlichen Röntgenaufnahmen sind. Aus Gründen der Vollständigkeit wird die Tomographie kurz erläutert. Röntgenröhre und Auffangsystem werden während der Aufnahme koordiniert bewegt, wobei der Effekt der Bewegungsunschärfe gezielt dazu verwendet wird, um eine gewählte Ebene des Körpers scharf zu stellen. Die Schichten oberhalb und unterhalb der Ebene verwischen, wodurch die schlechtere Bildqualität als bei Normalaufnahmen resultiert.

- Stereoradiographie

  Auch die Stereoradiographie ist ein selten verwandtes und weitgehend durch die Computertomographie ersetztes Verfahren. Bei diesem Verfahren wird der räumliche Eindruck durch die gleichzeitige Verwendung von nah beieinander liegenden Röntgenröhren erzeugt, die ein Objekt aus verschiedenen Blickwinkeln bestrahlen.

- Digitale Radiographie

  Durch die Fortschritte auf dem Gebiet der Informationstechnologie sind neue Möglichkeiten für die Radiologie entstanden. Die digitale Radiographie ist in vielen Anwendungsgebieten der konventionellen Film-Folien-Entwicklung gleichzusetzen. Die Trennung von Bilderzeugung, Bilddarstellung und Bildarchivierung ist kennzeichnend für die digitale Radiographie. Die grundsätzlichen Prinzipien der Röntgendiagnostik bleiben unverändert. Die neuen Techniken finden hauptsächlich im dem Bereich der Auffangsysteme und der Bilddetektion, z. B. Flachbilddetektoren (Strotzer et al. 1999), ihre Anwendung. Weniger verbreitete Techniken der Bilddetektion erfolgen mittels Photodioden oder Seleniumdetektoren (Schulz 2001). Die Bilder werden digital gespeichert und können z. B. hinsichtlich Kontrast und Helligkeit nachbearbeitet, an einem geeigneten Monitor betrachtet und auf Film oder Papier dokumentiert werden.

- Digitale Subtraktionsangiographie (DSA)

  Bei der DSA wird vor Kontastmittelgabe eine Leeraufnahme angefertigt, um es von dem Bild mit verabreichtem Kontrastmittel zu subtrahieren. Durch das Differenzbild wird im Optimalfall nur das mit Kontrastmittel gefüllte Gefäß dargestellt. Die Bilder können mit konventionellen Röntgengeräten angefertigt werden, zur Verarbeitung sind allerdings spezielle Hard- und Software erforderlich.

- Digitale Bildverstärkerradiographie

  Digitale Bildverstärker wandeln die Intensitätsverteilung der Strahlung auf dem Eingangsleuchtschirm einer Photokathode in Elektronen um. Nach Beschleunigung der Elektronen in einem elektrischen Feld werden die Elektronen über ein optisches System aufgenommen und auf einem Monitor dargestellt oder direkt digitalisiert. Die Digitalisierung erfolgt mit Hilfe von Charge-Coupled-Devices (CCD) (Iinuma et al. 2000) oder direkter Umwandlung des resultierenden Videosignals.

- Speicherfolienradiographie

  Als Auffangsystem für die Röntgenstrahlen wird bei der Speicherfolienradiographie die Speicherfolie verwendet (Gleason et al. 2002). Speicherfolien besitzen ähnliche Eigenschaften wie konventionelle Verstärkerfolien. Die Speicherung des Strahlungsbildes erfolgt über einen Fluoreszenzstoff. Die Röntgenstrahlen regen die Elektronen des Fluoreszenzstoffes auf der Speicherfolie an und bringen sie auf ein höheres Energieniveau. Ein spezieller Laser liest die Informationen aus, indem die einzelnen Bildpunkte durch Anregung mit dem Laserlicht die Energie der ortsgebundenen Elektronen in Form von Licht freigeben. Die Stärke der Anregung wird mittels eines Analog-Digital-Wandlers in binäre Information umgewandelt und im Computer gespeichert. Zum Löschen der Restinformationen und zum Wiederverwenden der Speicherfolie erfolgt eine Bestrahlung mit sichtbarem Licht. Die Vorteile liegen in einer möglichen Reduktion der Strahlendosis für den Patienten, einer höheren Auflösung des Bildes, einer höheren Unempfindlichkeit gegenüber einer Überbelichtung sowie den Vorteilen der digitalen Speicherung und Wiederverwendung.

- Festkörperdetektortechnik

  Als neustes Verfahren bei den Auffangsystemen gilt die Festkörperdetektortechnik. Der Detektor besteht aus einer auf einem Glasträger aufgebrachten Fotodiodenmatrix, auf der wiederum eine Szintillatorschicht aufgebracht ist. Die auftreffenden Röntgenstrahlen werden im Szintillatormaterial absorbiert und in Lichtquanten umgewandelt (Herrmann et al. 2000). Diese werden von den Photodioden punktweise erfasst und die dabei entstehenden elektrischen Signale werden ausgelesen und in einem Computer digital gespeichert. Auch amorphes Selen kann als Absorber für die Röntgenstrahlen verwendet werden. Der Vorteil ist die direkte digitale Speicherung, die große Bildschärfe, hohe Empfindlichkeit und die Dosiseinsparung für den Patienten.

1.6 STRAHLENDOSIS

Die Definition einer Messgröße für die Quantifizierung von Röntgenstrahlen ist erforderlich, um die Wirkung der Strahlung im Gewebe untersuchen und daraus Empfehlungen und Richtlinien ableiten zu können. Die Strahlendosis ist damit eine wichtige Voraussetzung für den Strahlenschutz. Die International Commission on Radiological Units and Measurements (ICRU) erhebt seit ihrer Gründung im Jahre 1925 regelmäßig Daten und ermittelt daraus Empfehlungen für die Radiologie. Nach medizinischen oder physikalischen Fragestellungen werden verschiedene Dosisbegriffe unterschieden:

- Ionendosis

  Die Ionendosis ist eine messtechnisch verwendete physikalische Größe zur Definition der in der Medizin relevanten Dosisbegriffe. Die SI-Einheit (Système International d'Unités) für die Ionendosis ist Coulomb pro Kilogramm (C/kg). Sie bestimmt die elektrische Ladung der durch ionisierende Strahlung in Luft erzeugten Ionen bezogen auf die Masse der Luft (Pschyrembel 2004). Die bis zum 31.12.1985 in der Europäischen Union amtlich gültige Einheit Röntgen, der Standardionendosis, betrug $2,58 * 10^{-4}$ C/kg (Laubenberger u. Laubenberger 2006).

- Kerma

Kerma ist die Abkürzung für den englischen Ausdruck **K**inetic **E**nergy **R**eleased in **Ma**terial, also die in der bestrahlten Materie befindliche kinetische Energie. Sie ist die Dosisgröße für die Wirkung indirekt ionisierender Strahlung und beschreibt die Anfangswerte der kinetischen Energie aller in einem Materieelement infolge der Einwirkung indirekt ionisierender Strahlung freigesetzten geladenen Sekundärteilchen (Roesch u. Attix 1968). Die Luftkerma kann mit einer Ionisationskammer gemessen werden und hat mit der Umstellung auf SI-Einheiten die Ionendosis abgelöst. Aus der Luftkerma lässt sich die Kerma in anderen Materialien und die daraus resultierende Energiedosis berechnen (Ewen und Streubühr 1998). Die SI-Einheit der Kerma ist Gray (Gy).

- Energiedosis

Die Energiedosis erweitert das Kerma um die Untersuchung von weiteren Materialien als nur der Luft. Die Energiedosis ist eine Angabe über die Dichte der in einem Material, z. B. Knochen- oder Fettgewebe durch Photo- und Compton-Effekt absorbierten Strahlen-energie. Die Einheit für die Energiedosis ist das Gray (Gy). Die Energiedosis wurde im Jahre 1950 und 1953 mit der Bezeichnung "absorbierte Dosis" D eingeführt, die heute noch gültig ist. In Deutschland hielt man das Beiwort "absorbiert" für überflüssig, da das Wort Dosis bereits die Absorption einer Energiemenge beinhaltet. Die Strahlendosis an der Körperoberfläche bei 100 kV liegt zwischen 3 und 20 mGy. Die Strahlendosis nimmt von der Eintritts- zur Austrittsseite hin stetig ab und die Austrittsdosis ist mindestens um einen Faktor von 10 kleiner. Bezogen auf die biologische Wirksamkeit einer Strahlung reicht die Betrachtung der Energiedosis aus, da sie auch von der Strahlenart abhängt. Schnelle Neutronen zum Beispiel zeigten eine 10-mal stärkere biologische Wirkung als Röntgenstrahlung bei gleicher Energiedosis (Hidajat 2001). Dies führt zur Äquivalenzdosis.

- Äquivalenzdosis

Die Äquivalenzdosis ist das im Strahlenschutz verwendete Maß für die biologische Wirkung ionisierender Strahlung. Sie wird als Produkt aus der applizierten Energiedosis des Gewebes und dem dimensionslosen Bewertungsfaktor Q ermittelt. Die verschiedenen Strahlenarten werden dem Bewertungsfaktor Q zugeordnet und gewichten die Energiedosis. Die SI-Einheit der Äquivalenzdosis ist Sievert (Sv). Bei den Strahlenwirkungen werden stochastische und deterministische (nichtstochastische) Strahlenwirkungen unterscheiden. Beide Kategorien von Schadenstypen haben grundsätzlich verschiedene Dosiswirkungsbeziehungen. Bei den so genannten stochastischen Effekten wird angenommen, dass keine Schwellendosis existiert und die Wahrscheinlichkeit des Eintretens solcher Effekte mit steigender Strahlendosis zunimmt.

Ihr Auftreten unterliegt einer Zufallsverteilung. Werden mehrere Personen gleich exponiert, so kann für die Einzelperson nur die Wahrscheinlichkeit des Auftretens einer stochastischen Strahlenwirkung angegeben werden. In diese Kategorie von Strahlenwirkungen zählen die Induktion von malignen Erkrankungen und schweren vererbbaren Störungen (Hidajat 2001).

- Effektive Dosis

  Als effektive Dosis wird eine aus der Äquivalenzdosis abgeleitete Messgröße bezeichnet, bei der die Äquivalenzdosis durch einen Gewebewichtungsfaktor korrigiert wird. Dieser gewichtet das aus der Organexposition resultierende stochastische Risiko im Vergleich zum stochastischen Risiko bei Ganzkörperexposition gegenüber der gleichen Äquivalenzdosis. Die Zahlenwerte der Gewebewichtungsfaktoren sind in der ICRP 60 (Internationale Strahlenschutzkommission 1991) niedergelegt. Sie wurden aus der Wahrscheinlichkeit für das Auftreten einer letal verlaufenden strahlenbedingten somatischen Erkrankung oder eines strahlenbedingten ererbten Defekts einer bestrahlten Person errechnet. Zur Ermittlung der effektiven Dosis wird die Summe aus allen durch die Gewebewichtungsfaktoren korrigierten Äquivalenzdosen gebildet.

- Ortsdosis

  Die Ortsdosis ist die ein einem bestimmten Ort gemessene Äquivalenzdosis für Weichteilgewebe.

- Personendosis

  Die Personendosis ist die Äquivalenzdosis für Weichteilgewebe, gemessen an einer für die Strahlenexposition repräsentativen Stelle. Dabei wird die Oberflächen-Personendosis mit einer Messung in 0,07 mm Tiefe von der Tiefen-Personendosis mit der Messung in 10 mm Tiefe unterschieden.

- Dosisflächenprodukt

  Das Dosisflächenprodukt ist definiert als Produkt aus der bestrahlten Fläche und der dort wirksamen Äquivalenzdosis. Über eine an der Tiefenblende montierte Ionisationskammer wird die ionisierende Strahlung gemessen und das belichtete Untersuchungsgebiet aus der Öffnung der Tiefenblende ermittelt. Der Vorteil dieser Messgröße liegt in der Unabhängigkeit des Abstands vom Untersuchungsobjekt zur Strahlenquelle. Unter der theoretischen Annahme einer punktförmigen Strahlenquelle wächst zwar mit steigender Entfernung die durchstrahlte Fläche quadratisch, die Strahlenintensität und damit die Dosis nehmen aber in gleichem Maße ab. Auf diese Weise erhält man eine Messgröße, die auch bei schwankendem Anodenstrom und sich ändernder Einblendung proportional der im Körper absorbierten Energie ist.

1.7 STRAHLENRISIKO UND STRAHLENSCHUTZ

Die diagnostische Anwendung ionisierender Strahlung ist akzeptierter und sehr wichtiger Bestandteil der medizinischen Praxis und durch die klaren Vorteile für die Patienten gegenüber dem geringen Strahlenrisiko gerechtfertigt. Allerdings sind auch kleine Strahlendosen nicht gänzlich ohne Risiko. Ein Teil der genetischen Mutationen und malignen Erkrankungen in der Bevölkerung wird mit der natürlichen Hintergrundstrahlung in Zusammenhang gebracht. Diagnostische Strahlenanwendung als wesentlichste unnatürliche Strahlenquelle erhöht die Bevölkerungsdosis nur um etwa ein Sechstel.

Ionisierende Strahlen wie Röntgenstrahlen wirken sich auf chemische Bindungen, auf Zellen und auf die im Zellkern liegende Erbinformationen zerstörend aus. Die Instrumente zur Messung der Strahlenexposition und den zu treffenden Rückschlüssen auf das Strahlenrisiko sind die im vorherigen Abschnitt beschriebene Äquivalenzdosis, die zeitliche Dauer und Verteilung der Strahlenexposition und die bestrahlten Körperteile. Für die Abschätzung der Risiken sind die stochastischen Strahlenschäden entscheidend, d.h. die verursachte Krankheit spielt bei der Betrachtung des Strahlenrisikos keine Rolle, sondern die Eintrittswahrscheinlichkeit der Krankheit. Die Durchführung von klinischen Untersuchungen und die Erhebung von statistischen Auswertungen zum belegten Nachweis der Schädlichkeit von Röntgenstrahlen ist sehr schwierig und nicht streng bewiesen. Erkrankt beispielsweise ein Patient zehn Jahre nach mehreren Röntgenuntersuchungen des Beckenbereiches an einem malignen kolorektalen Karzinom, ist ein kausaler Zusammenhang der Strahlen mit der Krankheit nicht direkt herzustellen, sondern nur als Wahrscheinlichkeit anzugeben (Jung 1995). Dennoch ist die absolute Schädlichkeit der Röntgenstrahlung nachgewiesen und es gilt das Risiko und damit die Strahlenexposition für Patienten und Personal möglichst gering zu halten.

Als erste gemeinschaftliche Initiative des Strahlenschutzes in Europa gilt die vom Rat der Europäischen Gemeinschaft 1959 erlassene Richtlinie zur Festlegung der Grundnormen für den Gesundheitsschutz der Bevölkerung und der Arbeitskräfte gegen die Gefahren ionisierender Strahlung (Europäische Gemeinschaft 1959). Der Patientenschutz war ein lange vernachlässigtes Thema. Von den Europäischen Gemeinschaften wurde der Patientenschutz nach dem ALARA-Prinzip erst mit der Richtlinie 84/466/Euratom vom 3. September 1984 (Europäische Gemeinschaft 1984) eingeführt und mit der Novellierung der Röntgen- und Strahlenschutzverordnung (Röntgenverordnung 1987, Strahlenschutz-verordnung 2001) in das deutsche Strahlenschutzrecht übernommen. Das in Richtlinien, Verordnungen und Gesetzen verankerte Prinzip ALARA (As Low As Reasonably Achievable) schreibt jeder medizinischen Strahlenbelastung eine medizinische Rechtfertigung vor. Darüber hinaus muss die Strahlenbelastung so niedrig gehalten werden, wie dies vernünftigerweise zu erreichen ist. Der durch die Untersuchung zu erwartende Nutzen muss das Strahlenrisiko überwiegen (Schmidt 1998).

Die Strahlenbelastung nahm in den folgenden Jahren durch verbreiterte Anwendung der Verfahren stetig zu. Nach den Daten des Wissenschaftlichen Ausschusses der Vereinten Nationen zur Untersuchung der Auswirkungen atomarer Strahlen, die der Kommission und dem Wirtschafts- und Sozialausschuss der Europäischen Union vorlagen, wurden die Einwohner von Industrieländern im Schnitt einmal im Jahr einer Röntgen- oder nuklearmedizinischen Untersuchung unterzogen (Europäische Gemeinschaft 1996). Trotz zahlreicher Empfehlungen, Richtlinien und Verordnungen zur Optimierung des Patientenschutzes wurde ihre Umsetzung jahrelang vernachlässigt. Des Weiteren variierten die verwendeten Größenordnungen der Strahlenbelastungen bei Patientenstudien und Untersuchungen, wodurch die Vergleichbarkeit der Ergebnisse fehlte. In der ICRP 60 von 1990 (Internationale Strahlenschutzkommission 1991, Internationale Strahlenschutz Kommission 1996) trat erstmals die Verwendung von Dosisschranken oder Untersuchungsschwellen als Instrument zur Optimierung des Patientenschutzes auf. Gleichzeitig wird gefordert, dass sie flexibel angewendet werden sollten, um höhere Dosen zu ermöglichen, wo dies für eine fundierte klinische Beurteilung angezeigt ist. Die Empfehlung der Referenzschwellen wurde in der Veröffentlichung der Internationalen Strahlenschutzkommission ICRP 73 (Internationale Strahlenschutzkommission 1996) integriert. In der Patientenschutzrichtlinie 97/43/Euratom (Europäische Gemeinschaft 1997) wurden diese Empfehlungen aufgenommen und es wurde beschlossen, europaweit Referenzwerte für typische und häufige Untersuchungen zu ermitteln, die in Routineuntersuchungen einzuhalten sind (Jung 1997, Angerstein 2000). Darüber hinaus wurden die Anforderungen an die Rechtfertigung und Optimierung, Festlegung von Verantwortlichkeiten, Ausbildung, Ausrüstung und Kontrolle drastisch verstärkt (Europäische Gemeinschaft 1997).

Aufgrund der Richtlinien zum Strahlenschutz von 1996 96/29/Euratom (Europäische Gemeinschaft 1996) und 1997 97/43/Euratom (Europäische Gemeinschaft 1997) war es erforderlich, die strahlenschutzrechtlichen Regelungen in Deutschland zu ändern. Bei der Novellierung der Röntgenverordnung (Röntgenverordnung 2002) wurden Verbesserungen zum Strahlenschutz der Patienten und des Personals eingeführt. Die „Verordnung zur Änderung der Röntgenverordnung und anderer atomrechtlicher Verordnungen" vom 18. Juni 2002 ist am 1. Juli 2002 in Kraft getreten. Sie stellt eine Änderungsverordnung dar, d.h. es sind dort nur die Änderungen genannt. Weiterhin gilt die Verordnung zum Schutz vor Schäden durch Röntgenstrahlung (Röntgenverordnung 1987) vom 3. Januar 1987 in der bisher gültigen Form.

Infolge der Röntgenverordnung (Röntgenverordnung 1987, Röntgenverordnung 2002), den Leitlinien der Bundesärztekammer zur Qualitätssicherung in der Röntgendiagnostik (Bundesärztekammer 1997) und den Richtlinien der Kassenärztlichen Bundesvereinigung für Verfahren der Qualitätssicherung (KBV 1996) konnten die Optimierung und Standardisierung radiologischer Untersuchungen sowie die technischen Mindestanforderungen an Röntgeneinrichtungen weiterentwickelt werden. Des Weiteren dienen die nach der Normenreihe DIN 6868 durchgeführten technischen Qualitätskontrollen, wie die Abnahmeprüfung durch den Hersteller, die Strahlenschutzprüfung durch einen staatlich bestellten Sachverständigen und die Konstanzprüfung des Betreibers, der Verringerung der Strahlenexposition bei Gewährleistung einer diagnostischen Bildqualität.

Die regelmäßigen Ermittlungen der Patientenexposition in der Strahlendiagnostik durch das Bundesamt für Strahlenschutz (BfS) besitzen einen hohen Stellenwert bei der Standortbestimmung der radiologischen Qualitäts- und Sicherheitskultur sowie der Nutzen-Risiko-Optimierung in Deutschland. Für das Berichtsjahr 1997 wurde eine mittlere effektive Dosis von 2 ± 0.5 mSv pro Kopf der Bevölkerung durch Röntgenuntersuchungen ermittelt; diesem Dosiswert liegen ca. 136 Millionen Röntgenuntersuchungen zugrunde, entsprechend einer Frequenz von 1,7 Untersuchungen jährlich pro Kopf der Bevölkerung (Regulla et al. 2003). Die Strahlenexposition lässt sich durch die Ausschöpfung moderner Verfahren wie der anatomieabhängigen Röhrenstrommodulation (Kalender u. Fuchs 2001) und durch Anwendung von Methoden zur Prozessoptimierung sehr stark weiter reduzieren.

2 COMPUTERTOMOGRAPHIE (CT)

Die Computertomographie ist ein radiologisches Schnittbildverfahren, welches als Instrument die Technik der Röntgenstrahlen verwendet. Dem Verfahren wird ein eigenes Kapitel gewidmet, da es sich von der konventionellen Röntgendiagnostik technisch deutlich unterscheidet. Die Anfänge der Computertomographie gehen auf A.M. Cormack und G.N. Hounsfield (Hounsfield 1973) zurück. Sie begannen 1971 unabhängig voneinander damit, das Verfahren im klinischen Einsatz an Schädeluntersuchungen einzusetzen und wurden 1979 mit dem Nobelpreis für Medizin ausgezeichnet. Es handelt sich bei der CT um die erste vollständig digitale überlagerungsfreie Schnittbildmethode in der Medizin.

2.1 GRUNDPRINZIP DER COMPUTERTOMOGRAPHIE

Das Grundprinzip besteht in einem Röntgenstrahlenbündel, das den Patienten in einer kreisförmigen Bahn umrundet. Die Schwächung der Röntgenstrahlen, wird von einem auf der Kreisbahn der Röntgenröhre gegenüberliegenden Detektor gemessen. Der Schwächungskoeffizient μ ist der Wert zur Angabe der Schwächung, also der Abnahme der Quantenanzahl im Strahlenbündel. Die Informationen werden an einen Computer übertragen, ausgewertet und rekonstruiert.

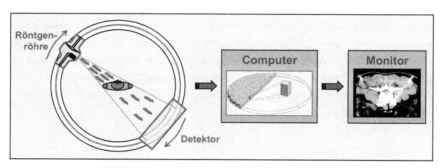

Abbildung 3: Grundprinzip der Computertomographie

Die **Bildrekonstruktion** erfolgt im Computer über Faltungs- und Rückprojektionsverfahren. Die Schicht wird in eine Matrix eingeteilt, wobei jedes Matrixelement einem Bildpunkt entspricht und daher Pixel (**Picture-x-el**ement) genannt wird. Aufgrund der endlichen Dicke einer Schicht entspricht der für ein Pixel errechnete mittlere Schwächungskoeffizient μ_x dem eines kleinen Volumenelements im Patienten und wird als Voxel (**Vol**ume-x-**el**ement) bezeichnet. Das Auflösungsvermögen des Bildes ist von der Größe der Voxel und Pixel abhängig, es nimmt zu, je kleiner die Matrixelemente sind. Entsprechend der Verteilung der Schwächungskoeffizienten µ werden die Daten in einer Abbildung der Gewebsverteilung einer Schicht in der Transversalebene dargestellt. Im Gegensatz zum klassischen Röntgenverfahren wird nicht das Integral von Schwächungswerten, sondern es wird die Verteilung der Schwächungswerte innerhalb einer Schicht dargestellt. Dadurch erfolgt eine **überlagerungsfreie Abbildung** der Transversalebene. Der gesamte Körper wird durch die Bewegung des Patientenlagerungstisches in der Längsachse erfasst, indem Schicht für Schicht mit Röntgenstrahlen abgetastet wird. Die einzelnen Schichten haben eine Dicke von einigen Millimetern. Schon geringe Gewebeunterschiede treten in Erscheinung und können durch Kontrastmittelinjektion zusätzlich verstärkt werden. Die entstandenen Schichtbilder können in weiteren Arbeitsschritten in andere Ebenen und Darstellungsformen umgewandelt werden.

2.2 TECHNISCHE VERFAHREN DER COMPUTERTOMOGRAPHIE

Die ersten Computertomographen arbeiteten sehr langsam, daher beschränkten sich Untersuchungen auf Körperbereiche, die sich nicht durch die Atmung des Patienten in Bewegung befanden. Die Geräte entwickelten sich schnell weiter und werden als Generationen der CT-Systeme bezeichnet (Goretzki 2004, S.174).

Die Geräte der **ersten Generation** verwenden ein sehr dünnes Röntgenstrahlenbündel. Die Abtastung besteht hier aus zwei sich wiederholenden Schritten, der Translations- und der Rotationsbewegung. Bei der Translationsbewegung erfolgt die lineare Abtastung des Messfeldes, wobei Röntgenröhre und Detektor sich linear über das Messfeld bewegen. In dem zweiten Schritt, der Rotationsbewegung, werden Röntgenröhre und Detektor um ein Grad gedreht, bevor das Messfeld wieder linear abgetastet wird. Pro Schicht werden 180 lineare Abtastungen und Rotationsbewegungen benötigt. Daraus resultierend liegt die Dauer der Abtastvorgänge für jede Schicht bei mehreren Minuten. Mit den Geräten der **zweiten Generation** wurde die Aufnahmedauer auf ca. 10 Sekunden reduziert. Bis zu 30 nebeneinander liegende Detektoren werden von einem Röntgenstrahlenfächer getroffen. Weiterhin werden Translations- und Rotationsbewegungen benötigt, wobei die Rotationsschritte auf 10° erhöht sind. Erst bei den Geräten der **dritten Generation** entfällt die Translationsbewegung durch die Verwendung von bis zu 500 Detektoren, die in einem Kreisausschnitt angeordnet sind. Der Röntgenstrahlenfächer hat einen Öffnungswinkel von 48° und arbeitet im Pulsbetrieb. Die Aufnahmezeiten liegen bei dem Verfahren bei 3 Sekunden pro Schicht. Bei den Geräten der **vierten Generation** bewegt sich nur noch die Röntgenröhre um den Patienten, das Detektorsystem ist ringförmig angeordnet und beinhaltet über 1000 Detektoren. Die Aufnahmezeit beträgt lediglich eine Sekunde pro Schicht. Die kurzen Aufnahmezeiten der Geräte der dritten und vierten Generation haben den Nachteil der höheren Strahlenexposition des Patienten durch den erhöhten Streustrahlenanteil im Fächerstrahl (Goretzki 2004, S.174).

Bei der **Spiral-CT** rotiert das Röntgenaufnahmesystem mit hoher Geschwindigkeit bei kontinuierlicher Strahlung während der Gesamtzeit der Untersuchung um den Patienten. Der Patientenliegetisch bewegt sich ebenfalls kontinuierlich, wodurch eine spiralförmige ununterbrochene Datengewinnung stattfindet. Zur Reduktion von Bewegungsunschärfen, der Strahlendosis und der Untersuchungszeit benutzen moderne CT-Geräte das seit 1999 verfügbare **Mehrschicht-Verfahren**, englisch Multislice-Verfahren. Innerhalb einer Röhrenumdrehung werden mehrere Schichten erzeugt und es sind schnellere Rotationen möglich (Klingenbeck-Regn et al. 2002). Dadurch werden bessere Bilddaten geliefert. Die Kombination von Spiral-CT und Mehrschicht-Verfahren ermöglicht sehr kurze Untersuchungszeiten bei Erfassung von sehr großen Datenmengen. Durch die neuen Verfahren ist die Darstellung bewegter Organe wie des Herzens mit einer **Cardio-CT** oder die Darstellung von Blutgefäßen mit der **Angio-CT** möglich. Die Entwicklung des **Elektronenstrahl-CT** (kurz EBCT für **E**lectronic **B**eam **CT**) bedeutet eine Verbesserung besonders bei Untersuchungen des bewegten Herzens. Die Geräte verfügen über keine mechanisch bewegten Teile. Die Röntgenröhre wird durch einen um den Patienten bewegten Elektronenstrahl ersetzt. Der Elektronenstrahl rotiert in einer evakuierten Anordnung in einem Teilkreis von 210° um den Patienten und trifft auf Anodenringe aus Wolfram, wodurch die erforderliche Röntgenstrahlung erzeugt wird. Die Abtastzeit beträgt 50-100 Millisekunden und ermöglicht eine sehr präzise und detaillierte Bildgebung.

2.3 MEDIZINISCHE ANWENDUNG UND BEDEUTUNG DER COMPUTERTOMOGRAPHIE

Durch die Computertomographie lässt sich die Lage und Größe eines Krankheitsherdes wie beispielsweise eines Tumors oder einer Infektion genau bestimmen, vor allem im Verhältnis zu den umliegenden Organen. Dies ist für die Planung gezielter Behandlungsmaßnahmen von erheblicher Bedeutung. Die Computertomographie ist schnell und einfach durchzuführen, daher wird sie zunehmend als erste Untersuchung bei folgenden Situationen eingesetzt:

- Akute Erkrankungen wie Blutungen, intracraniellen Verletzungen oder Schlaganfällen.
- Besonders wichtig im Bereich der Traumatologie.
- Optimale Untersuchung bei klinischen Problemen in der Lunge und im Abdomen.
- Durchführung eines Staging zur Bestimmung der Ausdehnung eines malignen Tumors durch operative Exploration bzw. Biopsie. Besonders gut ist das CT zur Therapiekontrolle geeignet.
- Präoperativ für die Operationsplanung von Tumoren.
- Postoperativ zur Abschätzung von Komplikationen einzusetzen.
- Einsatz in der interventionellen Radiologie. Beispielsweise bei Biopsien, um die Punktionsnadel kontrolliert an den Ort der Gewebeentnahme zu platzieren.
- Kontrolle von Gelenksprothesen.
- Bei adipösen Patienten ist das CT wesentlich besser geeignet als die Ultraschall-untersuchung.
- Alternative, wenn die Magnetresonanztomographie (MRT) kontraindiziert ist.

Trotz der Vorteile der Computertomographie sind die Risiken durch die relativ hohe Strahlendosis zu berücksichtigen und die Entwicklung der Magnetresonanztomographie zu verfolgen, die einige der ursprünglichen Indikationen für das CT übernommen hat. Vor diesem Hintergrund ist es sinnvoll und wichtig, die Verfahren, welche nicht mit ionisierenden Strahlen arbeiten wie Ultraschall und Magnetresonanztomographie in den Untersuchungsvorgang mit einzubeziehen.

2.4 STRAHLENRISIKO

Eine bis zwei CT-Schichten haben eine ähnliche Strahlenexposition im Körper des Patienten wie eine konventionelle Großaufnahme der gleichen Körperregion (Stieve u. Schmidt 1981). Eine CT-Untersuchung aus 40 Schichten exponiert den Patienten entsprechend 20-40 konventionellen Röntgenaufnahmen. Die Strahlendosis an der Körperoberfläche innerhalb der abgetasteten Körperregion liegt im Bereich von 10 bis 40 mGy. Infolge der sehr großen Anzahl von Projektionen ist die Dosisverteilung innerhalb der Schicht nahezu eine Gleichverteilung. Damit ist die Strahlenexposition bei der CT erheblich größer als die bei einer konventionellen Röntgenaufnahme (Hidajat 2001).

Die Begeisterung über die diagnostischen Möglichkeiten der CT spiegelt sich in der Anzahl der CT-Geräte und CT-Untersuchungen wider. Die Anzahl der CT-Geräte in der Bundesrepublik Deutschland hat seit den ersten Jahren nach der Einführung der CT stetig zugenommen. Nach der Wiedervereinigung Deutschlands kam es zu einem erheblichen Anstieg der Anzahl der CT-Geräte in den neuen Bundesländern. Im Jahre 1993 gab es 156 CT-Geräte in den neuen und 889 in den alten Bundesländern. Im Jahre 1998 gab es ca. 2000 installierte CT-Geräte in Deutschland (Schmidt 1993, Schwing 1994, Schmidt 1999). Mit zunehmender Anzahl der CT-Geräte stieg von 1988 bis 1994 die Anzahl der ambulanten CT-Untersuchungen des Schädels und der sonstigen Körperregionen bei ambulanten Kassenpatienten um 12,2 % bzw. 25,2 % pro Jahr an (Bundesministerium für Umwelt, Naturschutz und Reaktorsicherheit 1994). Die hohe Strahlendosis und die zunehmende Anzahl der CT-Geräte und CT-Untersuchungen machen es notwendig, dass alles getan wird, um die für die einzelnen Untersuchungen zur Beantwortung der klinischen Fragestellung notwendige Strahlendosis zu optimieren und die Entwicklung der nicht ionisierenden Verfahren voranzutreiben.

3 MAGNETRESONANZTOMOGRAPHIE (MRT)

Die physikalischen Grundlagen der Magnetresonanztomographie (Kernspintomographie, MRI oder MRT) wurden 1946 unabhängig voneinander von F. Bloch und G.M. Purcell entdeckt. Sie erhielten 1949 den Nobelpreis. P.C. Lauterbur erstellte 1974 das erste MRT-Bild eines lebenden Wesens und P. Mansfield fertigte 1977 erstmals das Bild eines lebenden Menschen an (Laubenberger u. Laubenberger 2006). Lauterbur und Mansfield wurden 2003 mit dem Nobelpreis geehrt. Die Magnetresonanztomographie erzeugt Schnittbilder des menschlichen Körpers in beliebiger Richtung mit Hilfe der magnetischen Kernresonanz. Sie erlaubt es, ohne bisher erkennbares Risiko, Gewebeveränderungen und funktionelle Störungen von Organen zu erkennen (Damadian et al. 1977, Mansfield u. Maudsley 1977, Lauterbur 1980). Der Vorteil gegenüber der Computertomographie besteht im viel höheren Weichteilkontrast der MRT, der eine genaue Differenzierung des Gehirngewebes in graue und weiße Substanz möglich macht und die Unterscheidbarkeit des Gehirns von anderem Gewebe verbessert. Seit Einführung der MRT in der klinischen Routine Ende der 80er Jahre wurden vielseitige Methoden der Bildgebung mit unterschiedlichen Kontrastverhalten entwickelt und in den letzten Jahren konnte die zur Bildgebung benötigte Zeit durch verbesserte Gerätetechnik kontinuierlich verkürzt werden (Moonen u. Bandettini 2000). Die Bedeutung der MRT erschöpft sich jedoch nicht in der reinen Bildgebung. Ihr Anwendungsbereich erweitert sich auf die spektroskopische Gewebedifferenzierung von Zelluntergang, Stoffwechselstörungen und den Nachweis biochemischer Tumorzellcharakteristika. Darüber hinaus kann die Funktion bestimmter Hirnareale durch Aktivierung von Einzelleistungen wie Sprechen, Sehen, Hören oder Bewegen überprüft werden (Benson et al. 1999). Zusätzlich lässt sich in der MRT das Strömungsverhalten von Blut oder Liquor direkt messen.

3.1 PHYSIKALISCHE GRUNDLAGEN DER BILDENTSTEHUNG IN DER MRT

Für die Magnetresonanztomographie ist die magnetische Eigenschaft des Wasserstoffprotons entscheidend, welches sich wegen seiner positiven Elektronenladung um die eigene Achse dreht. Die Eigenrotation des Protons ist der Kernspin. Durch die elektrische Ladung baut sich um das Proton ein individuelles Magnetfeld, das magnetische Moment μ auf. Ein äußeres statisches Magnetfeld B_0 beeinflusst die Lage der Protonen, wobei sich die Protonen parallel oder antiparallel dazu ausrichten. In diesem Grundzustand addieren sich die magnetischen Momente μ zu einer Summenmagnetisierung M, die parallel zu B_0 in Z-Richtung liegt und daher auch als Längsmagnetisierung M_z bezeichnet wird (Haken u. Wolf 1983). Des Weiteren zwingt das äußere Magnetfeld B_0 die Protonen zu einer rotierenden Kreiselbewegung um die Z-Achse des Feldes, die Präzessionsbewegung genannt wird. Die Frequenz der Präzessionsbewegung wird als Resonanzfrequenz oder als Lamorfrequenz ω_0 bezeichnet und steigt mit Stärke des Magnetfeldes an.

Die **Kernspinresonanz** entsteht durch Einstrahlung elektromagnetischer Hochfrequenzpulse (Radiowellen), vorausgesetzt die Frequenz der eingestrahlten Hochfrequenzpulse stimmt mit der Eigenfrequenz der Atomkerne, der Lamorfrequenz ω_0 überein. Durch die beschriebene **Anregung** ändert sich die Ausrichtung der Kernspins von der Längsmagnetisierung M_Z zur Quermagnetisierung M_{XY}, wobei die Richtungsänderung vom Impuls abhängig ist (Morneburg 1995, Weishaupt et al. 2001). Ein 90°-Impuls klappt den Spin um den rechten Winkel um, und ein 180°-Impuls führt zur Umkehrung von parallelen und antiparallelen Spins.

Nach der Anregung beginnt die **Kernrelaxation**, bei der sich die Kernspins in ihre Ausgangslage zurückklappen und dabei ein elektromagnetisches Induktionsfeld erzeugen. Das Echosignal entspricht der Lamorfrequenz ω_0 und wird von einer Empfängerspule aufgefangen. Bei der Kernrelaxation wird die Längsrelaxation (T1) von der Querrelaxation (T2) unterschieden. Bei der **Längsrelaxation** wird die Zeit gemessen, die die Kernspins benötigen, um wieder in die ursprüngliche Längsmagnetisierung M_Z zurückzukehren. Sie wird Spin-Gitter-Relaxationszeit (T1-Zeit) genannt, da die bei der Anregung aufgenommene Energie während der Relaxation an das umliegende Gewebe abgegeben wird. Bei der **Querrelaxation** wird die Zeit für die Abnahme der Quermagnetisierung M_{XY} gemessen. Sie wird Spin-Spin-Relaxationszeit (T2-Zeit) genannt, da sich gegenseitig beeinflussende magnetische Momente, zu einem Auseinanderlaufen der präzedierenden Spins führen. Eine weitere die Signalstärke beeinflussende Größe ist die **Protonendichte-Gewichtung**, wobei die Signalstärke vom Anteil der Wasserstoffatome im Gewebe abhängig ist. Eine hohe Protonendichte führt zu einem höheren Signal als eine niedrige.

Es bestehen zwei unterschiedliche Verfahren bei der Messung von MRT-Bildern. Das erste Verfahren ist die **2-D-Technik**, bei der jede Schicht einzeln angeregt wird und das Signal als Summensignal der Schicht empfangen wird. Das zweite Verfahren der **3-D-Technik** regt gleichzeitig alle Schichten des Messvolumens an, dementsprechend werden als Summen-signal die Daten des gesamten Messvolumens empfangen (Kreisler u. Trümmler 1998). Voraussetzung für die kontrollierte Anregung von bestimmten Punkten in einer Schicht oder einem Messvolumen ist die **Ortskodierung** des Kernresonanzimpulses. Als Methoden der Ortskodierung stehen für die drei Raumrichtungen die Schichtselektion, die Frequenz-kodierung und die Phasenkodierung zur Verfügung. Sie beruhen auf dem Prinzip, durch

Überlagerung des magnetischen Gradienten die Resonanzfrequenzen linear vom Ort abhängig zu machen (Hoffmann 2004).

Der **Bildkontrast** der unterschiedlichen Strukturen ist von verschiedenen Faktoren abhängig. Die chemische Zusammensetzung des Gewebes ist dabei der wichtigste und wird über die Relaxationszeit T1, T2 oder die Protonendichte gemessen. Andere Faktoren sind Magnetfeldstärke, Pulssequenz und Flussgeschwindigkeit von Flüssigkeiten (Laubenberger u. Laubenberger 2006, Uhl et al. 1998). Stärker als bei der Computertomographie wird die Bildqualität durch Bildartefakte wie Bewegungs-, Fluss-, Metall-, Suszeptibilitäts- und Geräteartefakte gestört.

Zur Erstellung eines Bildes muss das zu untersuchende Gewebe mehrmals angeregt und das ausgesandte Signal ausgelesen werden. Dabei entstehen zwei Zeitspannen. Die eine beschreibt die Zeit, die zwischen zwei Anregungen verstreicht und heißt Repitionszeit (TR), die andere definiert die Zeit, die zwischen Anregung und Signalauslesung liegt und heißt Echozeit (TE). Von der Wahl dieser Zeiten hängt ab, ob eine Aufnahme T1- oder T2-gewichtet ist. Durch die Abbildungsmöglichkeit des zu untersuchenden Gewebes mit verschiedenen Gewichtungen wird bei der Kombination mit mehreren Sequenzen die Differenzierbarkeit zwischen verschiedenen Gewebetypen ermöglicht. Die Gewichtungen sind in der Abbildung dargestellt.

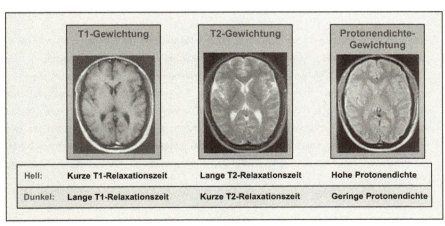

Abbildung 4: MRT-Bildkontrast in Abhängigkeit von der Gewichtung

Allgemein gilt, dass Gewebe mit kurzer T1-Relaxationszeit, z. B. Fett, in T1-gewichteten Bildern heller sind als bei längerer Relaxationszeit. Weiterhin ist Gewebe mit langer T2-Relaxationszeit, z. B. Wasser, in T2-gewichteten Bildern heller als bei kürzerer Relaxationszeit (Laubenberger u. Laubenberger 2006).

Seit dem Bestehen der Magnetresonanztomographie wurden sehr viele Meßsequenzen entwickelt. Die Sequenzen legen fest, wie ein Impuls für die Anregung erfolgt. Abhängig von den Erfordernissen der einzelnen Untersuchung und der untersuchten Körperregion werden die entsprechenden Sequenzen gewählt. Die Meßsequenzen der 2-D-Technik und der 3-D-Technik sind kombinierbar. Die wichtigsten und grundlegenden Verfahren sind:

- Spin Echo Sequenzen (SE-Sequenzen)
- Gradienten Echo Sequenzen (GE-Sequenzen)
- Rapid Acquisition with Relaxation Enhancement Sequenzen (RARE)
  (auch als Turbo- oder Fast Spin Echo Sequenzen bezeichnet)
- Half Fourier Single Shot Turbo Spin Echotechnique (HASTE; auf RARE basierend)
- Fast Low Angle Shot Sequenzen (FLASH)
- Turbo-Gradienten-Spin-Echo-Sequenzen (GRASE)
- Echo-Planar-Imaging (EPI) zur Darstellung funktionaler Gebiete im Gehirn

Für die Erläuterung der einzelnen Verfahren wird auf die Literatur verwiesen (Ewen 1998, Goretzki 2004, Laubenberger u. Laubenberger 2006, Weishaupt et al. 2001, Morneburg 1995, Kreisler u. Trümmler 1998, Uhl et al. 1998, Reiser u. Semmler 1997).

Zur weiteren Verbesserung der Diagnostik werden **Kontrastmittel** verwendet. Anders als in der Röntgendiagnostik führen die Kontrastmittel hier zu einer Veränderung der elektromagnetischen Eigenschaften der in dem Gewebe enthaltenen Wasserstoffatome. Es werden Kontrastmittel zur Verlängerung der T1-Relaxationszeit, von solchen mit verkürzender Wirkung auf die T2-Relaxationszeit unterschieden. Darüber hinaus werden abhängig von dem zu untersuchenden Organ Kontrastmittel verwendet, die über das jeweilige Organ angereichert und abgebaut werden. Besonders wichtig für die Onkologie ist von Heywand erstmals erbrachte Nachweis, dass Karzinome Kontrastmittel anreichern (Heywang et al. 1986).

3.2 PRINZIPIELLER AUFBAU VON MAGNETRESONANZ-TOMOGRAPHEN

Ein Magnetresonanztomograph ist ein System bestehend aus den Einzelkomponenten Magnet, Gradientensystem, Hochfrequenzsystem und Rechnersystem.

Der **Magnet** ist die Hauptkomponente mit der Aufgabe räumlich und zeitlich ein homogenes Magnetfeld zu erzeugen. Die meisten Magnete haben eine Tunnelöffnung von ca. 50 cm für den Körper des Patienten. Es gibt neue Systeme mit einem offenen Magneten zur Nutzung bei interventionellen Eingriffen. Technisch werden die Magnete unterteilt in Permanentmagnete, Elektromagnete und supraleitende Magnete. Bei den ersten Systemen handelte es sich um Permanentmagnete, bestehend aus einem Eisenkern und einem Gewicht von ca. 100 Tonnen. Die Feldstärke dieser Systeme ist nicht zu verändern und die Bildqualität entspricht nicht den heutigen Anforderungen. Die Leistung von Permanent-magneten ist begrenzt auf 0,5 Tesla und bei Elektromagneten auf 0,3 Tesla. Die Leistung von Elektromagneten lässt sich durch Anlegen einer entsprechenden Spannung verändern. Die dabei entstehende Wärme muss von einem Kühlsystem abgeführt werden. Supraleitende Magnetsysteme mit 3-4 Tesla erzeugen sehr gute Untersuchungsergebnisse und sind am weitesten verbreitet (Goretzki 2004). Das Spulenmaterial dieser Systeme besteht aus einer speziellen Legierung, die mit Helium auf -269°C, nahe dem absoluten Nullpunkt, gekühlt wird. Dadurch verliert die Legierung den elektrischen Widerstand und wird supraleitend. Zur Aufrechterhaltung der Magnetfeldhomogenität dienen statische und dynamische Shimsysteme (Goretzki 2004).

Das **Gradientensystem** bestehend aus Gradientenspule und Gradientenverstärker erzeugt in die Raumachsen X, Y und Z Magnetfelder und dient zur Ortskodierung des Kernresonanzimpulses. Die typischen Geräusche der MRT-Untersuchung entstehen beim Ein- und Ausschalten des Gradientensystems.

Das **Hochfrequenzsystem** erzeugt den Hochfrequenzpuls und regt die Protonen durch senden der Lamorfrequenz ω_0 an. Gleichzeitig ist es Aufgabe des Hochfrequenzsystems, das relativ schwache Resonanzsignal aufzufangen.

Das **Rechnersystem** besteht aus Steuerrechner, Bildrechner und Bedienungsrechner. Der Steuerrechner koordiniert Magnet-, Gradienten und Hochfrequenzsystem. Der leistungsstarke Bildrechner erzeugt die MRT-Bilder und benötigt große Speicherkapazitäten. Der Bedienungsrechner stellt die Schnittstelle zum Benutzer dar.

3.3 MEDIZINISCHE ANWENDUNG UND BEDEUTUNG

Die Magnetresonanztomographie ist durch sehr hohe Kontrastauflösung und Darstellung kleiner anatomischer Strukturen der Computertomographie überlegen. Ein weiterer Vorteil ist, dass die Magnetresonanztomographie keine ionisierenden Strahlen einsetzt und daher, entsprechend den Empfehlungen der 97/43/Euratom (Europäische Gemeinschaft 1997), der Computertomographie vorzuziehen ist. Entwicklungen der letzten Jahre, wie beispielsweise atemgetriggerte Aufnahmen (Weiger et al. 2000), Mehrkanal Empfangsspulen (Pruessmann et al. 1999), ein stärkeres Gradientensystem (Pruessmann et al. 2001) und parallel Imaging (Sodickson u. Manning 1997) haben dazu beigetragen die Bedeutung der Magnetresonanztomographie als Verfahren zu steigern.

Die Magnetresonanztomographie liefert wegen des außerordentlich hohen Kontrast-auflösungsvermögens und der multiplanaren Abbildungsmöglichkeit mehr Information über pathologische Veränderungen Dadurch können die Diagnose und die Behandlung von Erkrankungen mit größerer Sicherheit erfolgen. Im Folgenden wird die Bedeutung der MRT im Hinblick auf die verschiedenen Körperregionen untersucht (Goretzki 2004):

- **Schädel:** Noch schneller als mit der Computertomographie können mit besonderen Techniken der Magnetresonanztomographie Schlaganfälle innerhalb von Minuten bis wenige Stunden exakt lokalisiert und auf mögliche Ursachen analysiert werden. Intrakranielle Erkrankungen, winzige Hirntumoren, Erkrankungen der Hirnnerven, Hirnabbauprozesse, Gefäßmissbildungen, Enzephalitiden (Gehirnentzündungen), Anfallsursachen (Epilepsie) oder Folgeschäden nach Unfällen lassen sich sehr gut differenzieren.

  Die funktionelle Magnetresonanztomographie (fMRT) ermöglicht mit hoher räumlicher Auflösung die präoperative Lokalisierung funktioneller Gehirnzentren, erlaubt ein zeitliches Verfolgen des Therapiefortschritts nach Gehirnschädigung und leistet wertvolle Beiträge zur Grundlagenforschung im Hinblick auf Fragen der neuronalen Regenerations-fähigkeit und Plastizität (Lange 2004).

- **Zentrales Nervensystem (ZNS):** Die Dynamische Perfusions-MRT des zentralen Nervensystems ermöglicht Aussagen über die Blutversorgung einzelner Gehirnregionen und hat damit erhebliche klinische Bedeutung für Diagnose und Therapie von Patienten mit cerebralen Durchblutungsstörungen.

- **Hals:** Halsgefäße und Halsweichteile.

- **Wirbelsäule:** Abklärung spinaler Fehlbildungen, traumatisch bedingter Veränderungen, Querschnittssymptomatik, Myelopathien, Knochenmarksveränderungen und Veränderungen der Bandscheiben.

- **Thorax:** Nachweis und Lokalisation von Raumforderungen der Thoraxwand und des Mediastinums.

- **Herz:** Nachweis von Fehlbildungen des Herzens und der großen Gefäße, Raumforderungen und entzündliche Veränderungen im Herzen bzw. am Herzmuskel, Herzfunktionsdiagnostik, Veränderungen bei koronarer Herzkrankheit, Ausdehnung und Spezifikation von Myokardinfarkten durch Kardio-MR.

- **Mamma:** Befunde der Röntgen-Mammographie und Mamma-Sonographie beim invasiven Karzinom können durch MRT-Mammographie verifiziert werden. Auch zur Differenzierung maligner und benigner Veränderungen der Mamma. Die MRT-Mammographie hat erhebliche klinische Bedeutung für die Früherkennung des Mammakarzinoms.

- **Abdomen:** Darstellung des Gallenwegsystems und des Pankreasgangsystems ist etabliert. Differenzierung fokaler Leber- und Milzläsionen.

- **Gefäße:** Veränderungen bzw. Erkrankungen der Aorta und ihrer Äste, der Pulmonalarterien, der Becken-Bein-Gefäße sowie der großen Venen lassen sich mittels MR-Angiographie nachweisen.

- **Bewegungsapparat:** Differenzierung degenerativer und entzündlicher sowie tumoröser und posttraumatischer Erkrankungen der Gelenke, Weichteile (Muskel, Sehnen, Bänder, Menisken), Differenzierung von zahlreichen pathologischen Veränderungen des Knochenmarkraums, z. B. ischämische Veränderungen, Markraumödeme und Osteonekrosen. Die MRT wurde zuerst in den achtziger Jahren in der Diagnostik neuromuskulärer Erkrankungen eingesetzt (Rodiek 1985). Zusätzliche Unterscheidung zwischen lipomatösen und ödematösen Veränderungen.

- **Ganzkörper MRT:** Sie ermöglichen Ganzkörperuntersuchungen in einem Untersuchungsgang.

Kontraindikationen zur Magnetresonanztomographie sind metallische Fremdkörper, Aneurysmaklips, Schrittmacher, Cochleaimplantate, Biostimulatoren. Bei Gelenkprothesen ist mit eingeschränkter Bildqualität in der Nähe der Prothese zu rechnen.

4 ULTRASCHALLDIAGNOSTIK

Die Ultraschalldiagnostik ist ein nicht invasives Diagnoseverfahren zur Erstellung von Bildern von Organen und Blutgefäßen unter Verwendung von Ultraschallwellen. Die Sonographie basiert auf Entdeckungen von C. Doppler im Jahre 1842 und der Entdeckung des Piezoeffektes durch Ehepaar Curie im Jahre 1880, die P. Langevin 1918 einsetzt und den ersten Ultraschallgeber baut (Kollmann 2002, Strunk 2002). Im Jahre 1942 verwendet KT. Dussik (Dussik 1947) als einer der ersten Mediziner die Ultraschallwellen für die Diagnostik in der Medizin. Das heutige Einsatzgebiet ist sehr breit gefächert. Das Verfahren hat sich in den letzten Jahren in großem Maße zu einem wichtigen und dabei sehr kostengünstigen Instrument in Praxis und Klinik weiterentwickelt. Die Ultraschalldiagnostik ist eine sichere Bildgebungsmethode, da keine ionisierende Strahlung zum Einsatz kommt. Es wurden bislang keine negativen Auswirkungen bei der Verwendung von Ultraschallwellen nachgewiesen. Beschränkungen der Ultraschalldiagnostik liegen in der Undurchdringlichkeit von Strukturen wie Luft und Knochen. Damit verbunden ist die Untersuchungstiefe relativ gering. Die Untersuchung ist in hohem Maße von der Erfahrung des Untersuchers abhängig.

4.1 PHYSIKALISCHE UND TECHNISCHE GRUNDLAGEN DER ULTRASCHALLDIAGNOSTIK

Als Ultraschall werden Schallfrequenzen bezeichnet, die sich oberhalb der Hörschwelle des Menschen bei mehr als 20.000 Schwingungen pro Sekunde liegen und in Hertz (Hz) gemessen werden (Goretzki 2004). Da sich die Schwingungen örtlich ausbreiten, werden sie Wellen genannt. Sie werden durch Wellenlänge, Frequenz, Amplitude und Ausbreitungsgeschwindigkeit charakterisiert. Die Wellenlänge gibt den Abstand benachbarter Schwingungsmaxima an. Die Frequenz entspricht der Anzahl von Schwingungen pro Sekunde und wird in der Einheit Herz (Hz) gemessen. Die Amplitude repräsentiert die Schwingungsweite. Die Ausbreitungsgeschwindigkeit von Schallwellen ist von der Dichte und der Elastizität des Mediums abhängig, in dem es sich bewegt (Bergmann et al. 1998).

Die **Impedanz** beschreibt die akustischen Eigenschaften eines Gewebes (ZINK 1996) und charakterisiert den spezifischen Schallwellenwiderstand des Mediums. Das ist der Widerstand, der zu überwinden ist, um die Moleküle aus dem Ruhezustand in Schwingung zu versetzen. Treten in einem Medium Impedanzunterschiede auf, so wird dies als akustische Grenzfläche bezeichnet. An diesen Grenzflächen kommt es gemäß den physikalischen Gesetzen der Optik zur Reflexion, Brechung, Streuung oder Absorption. Die

Reflexion von Schallwellen entsteht durch die sprunghafte Änderung der Teilchenbewegung an der Grenzfläche. Nicht alle Wellen werden als Schallecho reflektiert. Als Transmission wird die Ausbreitung der nicht reflektierten Wellen im Medium bezeichnet. Bei der Transmission wird der Schall je nach Dichte des zweiten Mediums zum Lot auf die Grenzfläche hin oder von dieser weg gebrochen. Die Brechung wird auch als Refraktion bezeichnet und beschreibt die Veränderung der Ausbreitungsrichtung von Wellen beim Durchtritt durch eine glatte Grenzfläche. Bei der Streuung handelt es sich um eine ungerichtete Reflexion an einer rauen Grenzfläche. Die Stärke der Streuung ist von der Frequenz der Schallwellen abhängig. Je höher die Frequenz, desto höher ist der Streuungsanteil. Bei der Absorption reduziert sich die Schallintensität bei der Penetration des jeweiligen Mediums exponentiell zur Eindringtiefe. Die Energie wird in Bewegungsenergie der Moleküle und Wärmeenergie durch Reibungsverluste umgewandelt. Diese Dämpfung hängt von der Dichte, der Homogenität des Mediums und der Schallfrequenz ab (Bergmann et al. 1998).

Ultraschallwellen werden durch den **reziproken piezoelektrischen Effekt** erzeugt, wobei elektrische Energie in mechanische Schwingungen umgesetzt wird. An speziellen Kristallen wird eine hochfrequente elektrische Wechselspannung angelegt, dadurch verändert sich die Dicke der Kristalle genau in der Frequenz der angelegten Spannung (Bergmann et al. 1998, Morneburg 1995). Die Kristalle sind elektromechanische Wandler und können die an den inneren Gewebestrukturen reflektierten Ultraschallwellen während einer Sendepause von den selben Kristallen empfangen werden, die sie ausgesendet haben. Analog zur Erzeugung erfolgt der Empfang und die Umwandlung der mechanischen Schallwellen in elektrische Signale. Die Kristalle bestehen in der medizinischen Diagnostik häufig aus Bariumtitanat oder Blei-Zirkonium-Titanat. Sie werden in einem Schallkopf eingebaut, der wie beschrieben zugleich als Sender und Empfänger arbeitet und nach Anwendungsgebiet in verschiedenen Größen und Formen verwendet wird. Zur Vermeidung von Intensitätsverlusten durch Reflexion an einer Grenzfläche wird Öl oder Gel als Kontaktmedium eingesetzt. (Goretzki 2004).

Die räumliche Verteilung der Wellen in Verbindung mit der Empfangsempfindlichkeit der Kristalle für den reflektierten Schall ist das **Ultraschallfeld**. Es wird über das zu untersuchende Organ des Patienten gelegt und unterteilt sich in ein Nahfeld, welches zwischen Sender und Fokus liegt, und einem Fernfeld hinter dem Fokus. Die Form des Schallfeldes wird durch Durchmesser und Form des Schallkopfes beeinflusst. Die Eindringtiefe der Ultraschallwellen in ein Medium ist dämpfungsbedingt bei hohen Frequenzen kleiner als bei niedrigen. Das örtliche Auflösungsvermögen dient zur

Unterscheidung benachbarter Strukturen und wird in axiale und laterale Auflösung unterteilt. Die axiale Auflösung dient zur Unterscheidung von Strukturen, die in die Tiefe gehen und die laterale Auflösung trennt nebeneinander liegende Strukturen.

4.2 BILDGEBENDE VERFAHREN IN DER ULTRASCHALLDIAGNOSTIK

Für die ultraschalldiagnostische Darstellung von Gewebestrukturen werden verschiedene Verfahren verwendet. Bei allen Verfahren werden die Echosignale aufgrund der gemessenen Laufzeiten einer bestimmten Tiefe im Untersuchungsfeld zugeordnet. Die unterschiedliche Schallreflexionsqualität der Gewebe wird durch unterschiedliche Helligkeiten bzw. Graustufen wiedergegeben (Stein und Martin 1996). Durch die Verstärkung und Verarbeitung der Signale entsteht ein Ultraschallbild, welches die Umrisse des Objektes mit seinen Binnenstrukturen widerspiegelt.

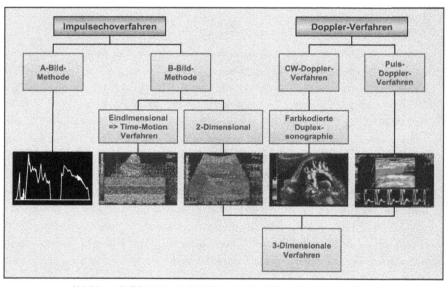

Abbildung 5: Bildgebende Verfahren in der Ultraschalldiagnostik

Das in der Ultraschalldiagnostik am häufigsten verwendete Verfahren ist das **Impulsechoverfahren**. Dabei wird wie zuvor beschrieben das piezoelektrische Kristall im Schallkopf zum Aussenden mechanischer Schwingungen angeregt oder es erzeugt in Sendepausen elektrische Wechselspannungen, wenn es von einer reflektierten Schallwelle getroffen wird. Zwei Methoden werden zur Darstellung der Stärke der eintreffenden Echoimpulse unterschieden, die A-Bild-Methode (A-Scan, Amplituden-Scan) und die

B Bild-Methode (B-Scan, Brightness-Scan, Helligkeits-Scan, Ultraschalltomographie). Bei der **A-Bild-Methode** wird anhand der oszillographischen Darstellung aus dem Abstand der Amplituden auf die Tiefe der reflektierenden Flächen geschlossen. Die Höhe der Amplitude ist ein Maß für die Signalstärke. Das A-Bild wird nur bei speziellen Anwendungen verwendet. Bei der **B-Bild-Methode** wird der ausgesandte Schallstrahl entlang einer Basislinie hin und her bewegt und damit wird eine Schnittfläche abgetastet. Auf dem Bildschirm werden die Bildpunkte mit Helligkeitswerten entsprechend ihrer Signalstärke als Lichtpunkte dargestellt. Dabei ist der erzeugte Lichtpunkt umso heller, je stärker das Echo ist. Der Abstand der Punkte repräsentiert den Abstand der reflektierten Strukturen zueinander. Diese Methode ist die am häufigsten verwendete und erzeugt ein zweidimensionales Schnittflächenbild. Die eindimensionale Form der B-Bild-Methode ist das M-Mode bzw. im TM-Mode (Time-Motion) Verfahren. Dabei werden durch periodisches Abtasten mit einer Frequenz oberhalb der Flimmergrenze des Auges Bewegungsabläufe sichtbar gemacht. Ein ortsfester Schallkopf registriert die Echos von sich bewegenden Grenzflächen im Körper und bildet diese Echos über eine Grenzwert-Skala als Bildpunkte auf einem Monitor ab. Die Abstandsänderung pulsierender Grenzflächen wird durch zeitliche Verschiebung in der Abszisse als Wellenlinie aufgezeichnet. Hauptsächlich wird das Verfahren zur Darstellung der Beweglichkeit von Herzwandabschnitten u. Herzklappen in der Echokardiographie eingesetzt.

Das **Doppler-Verfahren** wird nach der Kontinuität der ausgesandten Schallwelle in das Verfahren der kontinuierlichen Schallwelle (CW-Doppler für continuous wave) und in das gepulste Doppler Verfahren eingeteilt. Bei dem Doppler Verfahren mit der **kontinuierlichen Schallwelle** werden durch ein piezoelektrisches Kristall kontinuierlich Ultraschallwellen von konstanter Frequenz ausgesendet. Trifft das Schallwellenbündel auf eine sich bewegende Grenzfläche, so wird ein Teil der Wellen gemäß des Doppler-Effekts mit geänderter Frequenz reflektiert. Der 1842 nach seinem Entdecker Doppler benannte Dopplereffekt beschreibt damit die Frequenzänderung eines wellenförmigen Signals bei einer Relativbewegung zwischen Sender und Empfänger. Bewegen sich Sender und Empfänger aufeinander zu, so kommt es zu einem Frequenzanstieg. Entfernen sich Sender und Empfänger voneinander, so nimmt die Frequenz ab. Bei der Dopplersonographie sind Sender und Empfänger dagegen fest im Schallkopf miteinander verbunden. Die von der Sonde ausgesandten Schallwellen definierter Frequenz, werden von den sich bewegenden korpuskulären Bestandteilen des Blutes reflektiert. In Abhängigkeit von der Blutflussgeschwindigkeit und Richtung kommt es zu einer Frequenzverschiebung (Bollinger et al. 1996). Diese können als niederfrequente Töne hörbar gemacht werden. Sie ermöglicht in Bezug auf die Schallkopfposition die Berechnung von Geschwindigkeit und Richtung des bewegten Objekts. Das Verfahren der **farbkodierten Duplexsonographie**

(Farb-Doppler bzw. Power-Doppler für die Erfassung langsamer Strömungen) stellt Geschwindigkeit und Richtung im B-Bild durch Farbcodierung dar. Für einen großen Bereich eines konventionellen Ultraschallbildes wird die örtliche Dopplerfrequenz und die Schwankungsbreite bestimmt. Das Ergebnis wird in Falschfarben dem B-Bild überlagert, also in Farbtönen von rot und blau für verschiedene Blutgeschwindigkeiten und grün für Turbulenz dargestellt. Hierbei steht üblicherweise die Farbe Rot für Bewegung auf den Schallkopf zu, während mit blauen Farbtönen Flüsse weg von dem Schallkopf codiert werden. Um die Reflexionseigenschaften des fließenden Blutes zu erhöhen, können intravenös Kontrastmittel verabreicht werden. Verstärkt wird der Effekt durch Anwendung der modernen elektronischen Methode des Harmonic Imaging, die bestimmte Anteile der Bildinformationen herausfiltert und sich somit Rauschartefakte beseitigen lassen (Goretzki 2004, Kirsch 2005, Puls et al. 2000, Schoelgens 1998).

Die **gepulste Doppler-Sonographie** (Puls-Doppler-Verfahren) sendet im Gegensatz zum Doppler-Verfahren bei gepulster Schallemission einzelne Impulspakete aus, wobei ein Piezokristall gleichzeitig als Sender und Empfänger wirkt. Nach der Vorgabe einer Empfangszeit werden nur die Signale ausgewertet, die einer bestimmten Entfernung im Gewebe entsprechen. Dies ermöglicht eine Tiefenzuordnung des empfangenen Echosignals (Bollinger et al. 1996).

Die räumliche Darstellung der reflektierten Ultraschallsignale in der Ultraschalldiagnostik erfolgt durch Anwendung von **3-D Verfahren in Echtzeit**. Von der morphologischen Beurteilung des B-Bildes ausgehend, ist der dreidimensionale Ultraschall ein zukunftsweisender Ansatz in der Ultraschalldiagnostik (Downey et al. 2000). Neben der Darstellungsmöglichkeit lassen sich auch volumetrische Messungen der untersuchten Strukturen und morphologischen Veränderungen durchführen. Eine Schwierigkeit besteht durch das Gleiten des Schallkopfes über die Körperkontur in der parallelen Schnittbildführung. Dies ist nur mit Hilfe aufwendiger Installationen realisierbar (Moskalik et al. 1995). Unterschieden werden integrierte 3D-Ultraschallgeräte von externen rechnergestützten Systemen mit Sensortechnologie (Dietrich 2001, Nitsch et al. 1997). Bei den integrierten 3D-Ultraschallgeräten werden elektronische Schallköpfe mit Breitbandtechnologie verwendet, die über eine eingebaute Mechanik den Volumensatz generieren. Der Schallkopf wird dabei nicht bewegt und die Nachrekonstruktion dauert eine bis wenige Sekunden. Bei den externen rechnergestützten Geräten wird der konventionelle Schallkopf mit einem Sensor in einem gepulsten elektromagnetischen Feld bewegt und der Rechner rekonstruiert anschließend die Daten (Cesarani et al. 1999). Mit Hilfe der dreidimensionalen Rekonstruktion komplexer Strukturen wird der Arzt in Situationen unterstützt, in denen bei Aneinanderreihung der zweidimensionalen Schnittbilder das menschliche räumliche Vorstellungsvermögen überfordert ist. Durch Drehen des virtuellen Gewebeblocks und Einstellen von Schnittachsen werden Perspektiven einsehbar, die in der konventionellen Sonographie nicht darstellbar sind (Fenster et al. 2001).

4.3 MEDIZINISCHE ANWENDUNG UND BEDEUTUNG DER ULTRASCHALLDIAGNOSTIK

Als nicht-invasives bildgebendes Verfahren bietet die hochauflösende Realtime-Sonographie die Möglichkeit, ohne größeren technischen Aufwand und ohne Strahlenexposition Informationen über morphologische Veränderungen zu erhalten. Die Ultraschalldiagnostik wird daher in vielen Bereichen der Medizin überwiegend als erstes bildgebendes Verfahren verwendet. Damit entscheidet das Ergebnis der Untersuchung über die weiteren Instrumente und die Behandlung. Das Ultraschallverfahren hat als Small Parts-Sonographie für die Analyse von oberflächlich gelegenen Organbereichen wie beispielsweise Schilddrüse, Lymphknoten, Mamma oder Hoden erhebliche Bedeutung erlangt. Im Folgenden wird die Literatur der wichtigsten Anwendungen nach Teilgebieten aufgeführt (Boozari et al. 1998, Carson et al. 1997, Cesarani et al. 1999, Dietrich et al. 1998, Dietrich 2001, Downey et al. 2000, Ewen 2006, Fenster et al. 2001, Goretzki 2004, Johnson et al. 2000, Kirsch 2005).

In der **Geburtshilfe** wird die Ultraschalldiagnostik genutzt, um die pränatalen Herztöne des Kindes bereits in der Frühschwangerschaft in der 10. bis 12. Woche zu überwachen und während der Geburt, zur Nabelschnur- u. Plazentalokalisation (Pschyrembel 2004). Durch die 3D-Untersuchungsmethode wird die Fehlbildungsdiagnostik in der Geburtshilfe ermöglicht (Johnson et al. 2000). Ab dem ersten Lebenstag und im ersten Lebensjahr dient das Verfahren zur Diagnose der Hüftdysplasie.

Bei der **Tumordiagnostik** wird die Ultraschalldiagnostik zur Beurteilung der Tumordurchblutung, Gefäßarchitektur und Tumorausbreitung sowie intraoperativ zum Nachweis der Durchblutung eingesetzt. Allerdings ist die Bedeutung der Ultraschalldiagnostik im Vergleich zu Computertomographie und Magnetresonanz-tomographie für das Tumorstaging und die Therapieplanung deutlich geringer.

In **Angiologie und Gefäßchirurgie** erfolgt die Diagnose venöser und arterieller Gefäßerkrankungen durch Beurteilung der Strömungsverhältnisse mittels Ultraschalldiagnostik. In Kombination mit den herkömmlichen Dopplertechniken können dreidimensionale Vaskularisationsanalysen durchgeführt werden, bei denen die Neubildung von Gefäßen untersucht wird (Carson et al. 1997). Eine besondere Bedeutung des dreidimensionalen Ultraschallbildes liegt in der gefäßadaptierten Erfassung komplexer Gefäßverläufe in beliebigen Ebenen, z. B. Darstellung von Umgehungskreisläufen, die in ihrer Komplexität erfasst werden können (Dietrich 2001).

In der **Neuroradiologie** wird die Methode vorwiegend zur Untersuchung von Gefäßeinengungen bei Arteriosklerose oder zur Kontrolle nach therapeutischen Eingriffen eingesetzt.

Ultraschall ist besonders gut für die Analyse der parenchymatösen Oberbauchorgane in der **inneren Medizin** geeignet. Ultraschall kann im gesamten Abdomen für akute und chronische Erkrankungen eingesetzt werden. Durch die 3D-Anwendung erfolgt eine optimierte Darstellung innerer Organe wie der Gallenblase und der Bestimmung seines Volumens. Eine Anwendungsmöglichkeit an der Pankreas liegt in der durch die Darstellung der dritten Ebene verbesserten Dokumentation von Raumforderungen und deren Beziehung zu der direkten Umgebung. Es gibt aber gewisse Einschränkungen bei tief liegenden oder verdeckten Organen wie der Milz, da sich die Milz in der Regel nicht in einem Volumen vollständig abbilden lässt und Artefakte durch Rippen oder Luft zu berücksichtigen sind. Eine verbesserte Dokumentation von Raumforderungen und plastische Darstellung von Milzinfarkten ist jedoch möglich. Die plastische Darstellung der Umgebungsreaktion von entzündlich oder tumorös infiltrierten Darmsegmenten führt zu einem besseren Verständnis des pathologischen Prozesses (Dietrich et al. 1998).

5 POSITRONEN-EMISSIONS-TOMOGRAPHIE

Die Positronen-Emissions-Tomographie (PET) ist ein nuklearmedizinisches bildgebendes Verfahren. Es macht Zuckerstoffwechselvorgänge im Organismus sichtbar. Das Verfahren wurde in den sechziger Jahren in den USA entwickelt, wird jedoch erst seit einigen Jahren in der klinischen Diagnostik angewendet und hauptsächlich in der Krebsdiagnose verwendet.

Zum Einsatz kommen dabei radioaktiv markierte Substanzen (Tracer), deren Verteilung im menschlichen Körper mit einer PET-Kamera aufgezeichnet werden kann. Als Tracer werden Isotope verwendet, die unter Aussendung eines Betaplusteilchens (ß⁺), also eines Positrons und eines Neutrinos y, zerfallen. Man bezeichnet diese Radioisotope als Positronenstrahler. Ein Positron ist ein positiv geladenes Elektron und damit dessen Antiteilchen. Betaplusstrahlende Isotope, sind z. B. ^{15}O oder ^{18}F. Die Wahl des Tracers richtet sich nach dem Anwendungsgebiet: Zum Beispiel kommt Flurodeoxyglukose für neurologische, kardiologische, Entzündungs- sowie onkologische Fragestellungen zum Einsatz, während ^{15}O - Sauerstoff zur quantitativen Bestimmung des regionalen Sauerstoffverbrauchs verschiedener Organe, vornehmlich des Gehirns genutzt wird.

ß⁺ strahlende Isotope kommen in der Natur nicht vor, da sie meist relativ kleine Halbwertszeiten besitzen. Sie müssen daher über Kernreaktionen künstlich erzeugt werden. Bei einer Aufnahme mit einer PET-Kamera bzw. -Scanner wird dem Patienten ein ß⁺-strahlendes Isotop verabreicht. Die Positronen zerfallen im Körper in den Regionen von Interesse (ROI) und senden gleichzeitig ein Paar von Gammastrahlen diametral zueinander aus. Die ca. 12000 Wismut-germanat-Detektoren in der Kamera, die ringförmig um den Patienten gelegt sind empfangen die Gammastrahlen.

Die Steuerung erfolgt über einen Hochleistungsrechner. Neben Querschnittbildern können auch Stoffwechselvorgänge in Regionen wie z. B. im Gehirn des Patienten qualitativ und quantitativ dargestellt werden. Damit bietet die PET eine Möglichkeit zur Früherkennung von Krebs, für die Diagnose von Alzheimer und die Unterscheidung von nekrotischen und vitalen Herzmuskeln nach einem Herzmuskelinfarkt. Der Vorteil liegt in der Abbildung von Stoffwechselprozessen. Allerdings erscheinen die Bilder relativ unscharf, wodurch das PET für die genaue Lokalisation eines Geschwürs meist nicht ausreicht.

LITERATURVERZEICHNIS

Angerstein W (2000)
Filmverbrauch in der diagnostischen Radiologie.
Rofo Fortschr Geb Rontgenstr Neuen Bildgeb Verfahr 172: 5

Benson RR, Fitzgerald DB, LeSueur LL, Kennedy DN, Kwong KK, Buchbinder BR, Davis TL, Weisskoff RM, Talavage TM, Logan WJ, Cosgrove GR, Belliveau JW, Rosen BR (1999)
Language dominance determined by whole brain functional MRI in patients with brain lesions.
Neurology, 52: 798-809

Bergmann L, Schaefer C, Dorfmüller T, Hering WT, Stierstadt K (1998)
Lehrbuch der Experimentalphysik, Band 1: Mechanik, Akustik, Wärme.
11. Aufl. Walter de Gruyter

Boozari B, Gebel M, Bleck JS, Chavan A, Caselitz M, Ockenga J, Ott M, Schubert J, Babapour B, Manns MP, Galanski M (1998)
3D and color Doppler ultrasound evaluation of cystic space-occupying lesion near the head of the pancreas.
Ultraschall Med 19: 280-285

Bundesärztekammer (1997)
Leitlinien der Bundesärztekammer zur Qualitätssicherung in der Röntgendiagnostik: Qualitätskriterien röntgendiagnostischer Untersuchungen.
Deutsches Ärzteblatt 94, Heft 12 vom 21.03.1997

Bundesanstalt für Arbeitsschutz (BAU) (1994)
Richtlinie für Sachverständigenprüfungen nach RöV.
In: Schriftenreihe der Bundesanstalt für Arbeitsschutz (BAU).
Wirtschaftsverlag, Bremerhaven

Carson PL, Moskalik AP, Govil A, Roubidoux MA, Fowlkes JB, Normolle D, Adler DD, Rubin JM, Helvie M (1997)
The 3D and 2D colour flow display of breast masses.
Ultrasound Med Biol 23: 837-849

Cesarani F, Isolato OH, Capello S, Bianchi SD (1999)
Thridimensional ultrasonography. First clinical experience with dedicated devices and review of the literature.
Radiol Med (Torino) 97: 256-264

Damadian R, Goldsmith M, Minkoff L (1977)
NMR in cancer: FONAR image of the live human body.
Physiol Chem Phys 9: 97-108

Dietrich C F, Brunner V, Lembcke B (1998)
Intestinal ultrasound in rare small and large intestinal diseases.
Z Gastroenterol 36: 955-970

Dietrich CF (2001)
3D-Sonographie im Abdomen.
Electromedica 69: 23-29

Downey DB, Fenster A, Williams JC (2000)
Clinical utility of three-dimensional US.
Radiographics 20: 559-571

Dussik KT (1947)
Auf dem Wege zur Hyperphonographie des Gehirns.
Wien Med Wochenschr 97: 425

Ewen K, Streubühr U (1998)
Physikalische Grundlagen der Röntgentechnik.
In: Ewen K (Hrsg.): Moderne Bildgebung – Physik, Gerätetechnik, Bildbearbeitung und
-kommunikation, Strahlenschutz, Qualitätskontrolle.
Thieme, Stuttgart New York, 1-21

Europäische Gemeinschaft (1959)
Richtlinien zur Festlegung der Grundnormen für den Gesundheitsschutz der
Bevölkerung und der Arbeitskräfte gegen die Gefahren ionisierender Strahlungen.
Amtsblatt der Europäischen Gemeinschaften, 221/59-59

Europäische Gemeinschaft (1984)
Richtlinie 84/466/Euratom vom 3. September 1984 zur Festlegung der grundlegenden
Maßnahmen für den Strahlenschutz bei ärztlichen Untersuchungen und Behandlungen.
Amtsblatt der Europäischen Gemeinschaften, L265/1-3

Europäische Gemeinschaft (1996)
Stellungnahme des Wirtschafts- und Sozialausschusses zu dem Entwurf für einen
Vorschlag für eine Richtlinie des Rates über den Schutz der Gesundheit vor der
Gefährdung durch ionisierende Strahlung bei medizinischer Exposition zum Ersatz der
Richtlinie 84/466/Euratom.
Amtsblatt der Europäischen Gemeinschaften, C212/32-37

Europäische Gemeinschaft (1997)
Richtlinie 97/43/Euratom vom 30. Juni 1997 über den Gesundheitsschutz von
Personen gegen die Gefahren ionisierender Strahlung bei medizinischer Exposition
und zur Aufhebung der Richtlinie 84/466/Euratom.
Amtsblatt der Europäischen Gemeinschaften, L180/22-27 vom 09.07.1997

Fenster A, Downey DB, Cardinal HN (2001)
Three-dimensional ultrasound imaging.
Phys Med Biol 46: 67-99

Gleason SS, Sari-Sarraf H, Abidi MA, Karakashian O, Morandi F (2002)
A new deformable model for analysis of X-ray CT images in preclinical studies of mice
for polycystic kidney disease.
IEEE Transactions on Medical Imaging 21: 1302-1309

Goretzki G (2004)
Medizinische Strahlenkunde – Physikalisch-technische Grundlagen.
Elsevier Urban & Fischer, München Jena

Haken H, Wolf HC (1983)
Atom- und Quantenphysik.
Springer, Berlin Heidelberg New York

Herrmann KA, Stäbler A, Bonel H, Kulinna C, Holzknecht N, Geiger B, Böhm S, Maschke M, Reiser MF (2000)
Erste Erfahrungen mit der klinischen Anwendung des THORAX-FD: Festkörper-Detektor Radiographie in der Thorax-Diagnostik.
Electromedica 68: 25-30

Heywang SH, Hahn D, Schmidt H, Krischke I, Eiermann W, Bassermann RJ, Lissner J (1986)
MR imaging of the breast using Gadolinium.dtpa.
J Comp Assist Tomogr 10: 199-204

Hidajat N (2001)
Bestimmung und Optimierung der Strahlendosis des Patienten bei der Computertomographie: Methoden, Probleme und Lösungsmöglichkeiten.
Med. Habilitationsschrift, Humboldt-Universität Berlin

Hoffmann A (2004)
Elektroenzephalographisch geführte funktionelle Bildgebung epileptischer Herde und Untersuchung der Erregung peripherer Nerven bei schnellen Bildgebungsverfahren.
Dissertation, Ludwig-Maximilians-Universität München.

Hounsfield ,GN (1973)
Computerized transverse axial scanning (tomography), Part I. Description of system.
Br J Radiol 46: 1016-1022

Iinuma G, Ushio K, Ishikawa T, Nawano S, Sekiguchi R, Satake M (2000)
Diagnosis of gastric cancers: comparison of conventional radiography and digital radiography with a 4 million-pixel charge-coupled device.
Radiology 214: 497-502

IHE (2006)
Integrating the Healthcare Enterprise.
http://www.ihe-d.org
Auszug vom 02.01.2006

Internationale Strahlenschutzkommission (1991)
ICRP Publication 60. 1990 Recommendations of the International Commission on Radiological Protection.
Pergamon Press, Oxford

Internationale Strahlenschutzkommission (1996)
ICRP Publication 73. Radiological protection and safety in medicine.
Pergamon Press, Oxford

Jung H (1995)
Strahlenrisiko.
Rofo Fortschr Geb Rontgenstr Neuen Bildgeb Verfahr 162: 91-98

Jung H (1997)
Die Grundlage zukünftiger Strahlenschutzgesetzgebung.
Rofo Fortschr Geb Rontgenstr Neuen Bildgeb Verfahr 167: 1-3

Kalender WA, Fuchs T (2001)
Bis zur Hälfte der Strahlendosis kann eingespart werden.
http://www.innovations-report.de/html/berichte/medizin_gesundheit/bericht-747.html
Auszug vom 15.10.2005

Kamm FW (2003)
Grundlagen der Röntgenabbildung.
In: Ewen K (Hrsg.): Moderne Bildgebung – Physik, Gerätetechnik, Bildbearbeitung und
-kommunikation, Strahlenschutz, Qualitätskontrolle.
Thieme, Stuttgart, 45-62

Kirsch T (2005)
Stellenwert der konventionellen Ultraschalldiagnostik in der Abklärung fokaler
Pankreasläsionen -eine retrospektive Analyse
Med. Dissertation, Heinrich-Heine-Universität Düsseldorf

Klingenbeck-Regn K, Flohr T, Ohnesorge B (2002)
Strategies for Cardiac MRI.
J Cardiovasc Magn Reson 18: 143-151

Kollmann C (2002)
Bildgebender Ultraschall in der Gynäkologie.
Institut für Biomedizinische Technik & Physik, Universität Wien.
http://www.akh-wien.ac.at/bmtp/block7/home.html
Abzug vom 15.11.2005

Kreisler P, Trümmler KH (1998)
Magnetresonanztomographie.
In: Ewen K (Hrsg.): Moderne Bildgebung – Physik, Gerätetechnik, Bildbearbeitung und
-kommunikation, Strahlenschutz, Qualitätskontrolle.
Thieme, Stuttgart New York, 171-196

Lange O (2004)
MRT-Bildverarbeitung durch intelligente Mustererkennungsalgorithmen: Zeitreihen-
analyse durch selbstorganisierende Clustersegmentierung.
Dissertation, Ludwig-Maximilians-Universität München

Lauterbur PC (1980)
Progress in nmr zeugmatography imaging.
Philos Trans R Soc Lond B Biol Sci, 289: 483-487

Laubenberger T, Laubenberger J (2006)
Technik der medizinischen Radiologie: Diagnostik, Strahlentherapie, Strahlenschutz.
7. überarb. Aufl. Deutscher Ärzte-Verlag, Köln

Mansfield P, Maudsley AA (1977)
Medical imaging by NMR.
Br J Radiol 50: 188-194

Moonen C, Bandettini PA (2000)
Functional MRI.
Springer, Berlin Heidelberg New York

Morneburg H (1995)
Bildgebende Systeme für die medizinische Diagnostik: Röntgendiagnostik und Angiographie, Computertomographie, Nuklearmedizin, Magnetresonanztomographie, Sonographie, Integrierte Informationssysteme.
3. erw. Aufl. Publicis MCD Verlag, München

Mosher C, Cronk P, Kidd A, McCormick P, Stockton S, Sulla C (1992)
Upgrading Practice with Critical Pathways.
Am J Nurs 92:41-44

Moskalik A, Carson PL, Meyer CR, Fowkles JB, Rubin JM, Roubidoux MA (1995)
Registration of three-dimensional ultrasound scans of breast for refraction and motion correction.
Ultrasound Med Biol 21:769-778

Münch E (1997)
Klinikum Meiningen – Professionelles qualitäts- und kostenoptimiertes Krankenhausmanagement.
Vortrag im Rahmen der Fachtagung "Managed Care" – Rationalisierung statt Rationierung – Kann Managed Care im Krankenhaus ein Ausweg aus der Budgetierung sein? am 28.01.1997 in Düsseldorf, 1-17

Nitsch CD, Grab D, Aschoff AJ, Sokiranski R, Brambs HJ (1997)
Neue Entwicklungen in der Ultraschalldiagnostik: Der dreidimensionale Ultraschall.
Röntgenpraxis 50:247-252

Pruessmann KP, Weiger M, Schneidegger MB, Boesiger P (1999)
SENSE: sensitivity encoding for fast MRI.
Magn Reson Med 42: 952-962

Pruessmann KP, Weiger M, Boesiger P (2001)
Sensitivity encoded Cardiac MRI.
J Cardiovasc Magn Reson 3: 1-9

Pschyrembel (2004)
Klinisches Wörterbuch.
260. Aufl. De Gruyter, Berlin New York

Puls I, Berg D, Maurer M, Schliesser M, Hetzel G (2000)
Transcranial sonography of the brain parenchyma: comparison of B-mode imaging and tissue harmonic imaging.
Ultrasound Med Biol 26: 189-194

Regulla D, Griebel J, Noßke D, Bauer B, Brix G (2003)
Erfassung und Bewertung der Patientenexposition in der diagnostischen Radiologie und Nuklearmedizin.
Zeitschrift für medizinische Physik 13: 127-135

Rodiek S O (1985)
Kernspintomographie der Skelettmuskulatur bei neuromuskulären Erkrankungen.
Rofo Fortschr Geb Rontgenstr Neuen Bildgeb Verfahr 143: 418-25

Roesch WC, Attix FH (1968)
Basic Concepts of Dosimetry.
In: Attix FH, Roesch CW (Hrsg.): Radiation Dosimetry. Band I.
2. Aufl. Academic Press, New York, 1-41

Röntgenverordnung (1987)
Verordnung über den Schutz vor Schäden durch Röntgenstrahler (RöV) in
Ausfertigung vom 08.01.1987.
BGBl I, 114-133

Röntgenverordnung (2002)
Verordnung zur Änderung der Röntgenverordnung und anderer atomrechtlicher
Verordnungen in Ausfertigung vom 18.06.2002.
BGBl I, 1869

Schmidt T (1993)
Strahlenexposition bei der Computertomographie: Strahlenschutz in Forschung in
Praxis.
Fischer, 34: 15-28.

Schmidt T (1998)
Strahlenschutz in der Europäischen Gemeinschaft und in Deutschland.
Aktuelle Radiologie 8: 161-162

Schmidt T (1999)
Zur Situation der Strahlenexposition bei CT.
In: Nagel HD (Hrsg.): Fachbuch zur Strahlenexposition in der Computertomographie.
ZVEI 1-4

Schoelgens C (1998)
Native TM Tissue Harmonic Imaging.
Radiologie 38: 420-423

Schulz RF (2001)
Digitale Detektorsysteme für die Projektionsradiographie.
Rofo Fortschr Geb Rontgenstr Neuen Bildgeb Verfahr 173: 1137-1146

Schwing C (1994)
CT market enters state of flux in Germany.
Diagnostic Imaging 12: 8-10

Sodickson DK, Manning WJ (1997)
Simultaneous Acquisition of Spatial Harmonics (SMASH): Fast Imaging with
Radiofrequency Coil Arrays.
Magn Reson Med 38: 591-603

Stein J, Martin C (1996)
Physikalisch-technische Grundlagen.
In: Schmidt G (Hrsg.): Ultraschall-Kursbuch.
2. Aufl. Thieme, Stuttgart, 12-17

Stieve FE, Schmidt T (1981)
Strahlenexposition und Strahlenschutz bei der Computertomographie.
Röntgenpraxis 34: 87-97

Strahlenschutzverordnung (2001)
Verordnung über den Schutz vor Schäden durch ionisierende Strahlen.
Ausfertigung vom 20. Juli 2001.
BGBl I 2001, 1714, (2002, 1459)
Stand: Zuletzt geändert durch Art. 2 § 3 Abs. 31 G v. 1. 9.2005 I 2618

Strotzer M, Gmeinwieser M, Völk M, Fründ R, Feuerbach S (1999)
Digitale Flachbilddetektortechnik basierend auf Cäsiumiodid und amorphem Silizium:
Experimentelle Studie und erste klinische Ergebnisse.
Rofo Fortschr Geb Rontgenstr Neuen Bildgeb Verfahr 170: 66-72

Uhl M, Hauer MP, Allmann KH, Gufler H, Laubenberger J, Hennig J (1998).
Recent developments and applications of MRI sequence technique. I: turbo spin echo,
HASTE, turbo inversion recovery, turbo gradient echo, turbo gradient spin sequences.
Aktuelle Radiologie 8: 4-10

Weiger M, Pruessmann KP, Boesiger P (2000)
Cardiac real-time Imaging using SENSE.
Magn Reson Med 43: 177-184

Weishaupt D, Köchli VD, Marincek B (2001)
Wie funktioniert MRI?
3. Aufl. Springer, Berlin Heidelberg

Winter A, Zimmerling R, Bott OJ, Gräber S, Haas P, Hasselbring W, Haux R, Heinrich A,
Jaeger R, Kock I, Möller DPF, Penger OS, Prokosch HU, Ritter J, Terstappen A, Winter
A (1998)
Das Management von Krankenhausinformationssystemen: Eine Begriffsdefinition.
In: Informatik, Biometrie und Epidemiologie in Medizin und Biologie.
Fischer, Stuttgart, Band 29, 93-105

Winter Al, Winter An, Becker K, Bott OJ, Brigl B, Gräber S, Hasselbring W, Haux R, Jostes C
(1999)
Referenzmodelle für die Unterstützung des Managements von Krankenhaus-
informationssystemen.
In: Informatik, Biometrie und Epidemiologie in Medizin und Biologie.
Fischer, Stuttgart, Band 30, 173-189

Winter A, Brigl B, Wendt T (2003)
3LGM^2: Methode und Werkzeug zur Modellierung von Unternehmensarchitekturen im
Krankenhaus.
Frühjahrskonferenz 2003 des GI Arbeitskreises Enterprise Architecture, Universität St.
Gallen, Institut für Wirtschaftsinformatik, 20-32

Winter A, Ammenwerth E, Brigl B, Haux R (2004)
Krankenhausinformationssysteme.
In: Lehmann TM, Meyer zu Bexten E (Hrsg.): Handbuch der medizinischen Informatik.
2. Aufl. Hanser, München, 603-611

Workflow Management Coalition (1996)
Workflow Management Coalition – Terminology & Glossary. Version 2.0.
The Workflow Management Coalition, Brüssel, Document Number WfMC-TC-1011

Zaiß, A (2006)
DRG: Verschlüsseln leicht gemacht. Deutsche Kodierrichtlinien mit Tipps, Hinweisen und Kommentierungen.
4. akt. Aufl. Deutscher Ärzte-Verlag

Zaiß A, Graubner B, Ingenerf J, Leiner F, Lochmann U, Schopen M, Schrader U, Schulz S (2005)
Medizinische Dokumentation, Terminologie und Lingusitik.
In: Lehmann T, Meyer zu Bexten E (Hrsg.): Handbuch der Medizinischen Informatik.
2. Aufl. Hanser, München

Zink C (1996)
Ultraschalllexikon.
Blackwell Wissenschaftsverlag, Berlin

ZVEI – Zentralverband Elektrotechnik- und Elektronikindustrie e. V. (2005)
ZVEI-Information zur Verordnung über den Schutz vor Schäden durch Röntgenstrahlung (RöV).

TABELLARISCHER ANHANG

ABBILDUNGSVERZEICHNIS

.